Orlando Syrg Taschenbuch 32023

OR
SY
TA

RAT ACBO

Reihe
Alte Tradition
Azurcelesteblueoscuro
herausgegeben

von

Joerg K. Sommermeyer & Orlando Syrg

Exemplarische Werke der Weltliteratur

herausgegeben von

Joerg K. Sommermeyer

Über dieses Buch

Die Auswahl bringt, chronologisch gereiht, 93 schönste, bedeutsamste, eindrucksvollste, manchmal auch verstörende lyrische Schöpfungen Friedrich Hölderlins. Sich selbst überwindend, sprachkräftig, gedankenmächtig. Natur-, Landschafts- und Liebesgedichte in Hölderlins charakteristisch eigenem Stil zwischen Klassik und Romantik, durchwirkt von Griechentum, Ideal, Erneuerung, mythologisch, versunken, sehnsüchtig, seherisch, hymnisch in freien Rhythmen, symbolisch dunkel, geheimnisvoll, Leben, Tod, Götter, Christentum und Heimat. Ein Höhepunkt abendländischer Literatur mit durchdringendem Einfluss auf die Dichtkunst vieler Lyriker, etwa Stefan George, Georg Heym, Georg Trakl, Paul Celan, Ingeborg Bachmann. Hölderlins hymnisches Spätwerk inspirierte philosophische Überlegungen bei Martin Heidegger, Theodor W. Adorno, Jacques Derrida, Michel Foucault.

Der Autor

Johann Christian Friedrich Hölderlin wird am 20. März 1770, als Sohn eines Klosterhofmeisters und dessen Ehefrau, einer Pfarrerstochter, in Lauffen am Neckar geboren. Früh verliert er Vater und Stiefvater. Bildung in Latein- und Klosterschulen in Nürtingen, Denkendorf, Maulbronn und dem Tübinger Stift, wo auch Hegel und Schelling unterrichtet werden. 1793 Abschlussexamen. Kurzdauernde Hofmeisterstellen, die ihn nach Jena, Weimar, Nürtingen, Homburg, Frankfurt am Main, in die Schweiz und nach Bordeaux führen. Schwärmerische Liebe zu Susette (*»Diotima«*; 1769-1802), Gattin des Frankfurter Bankiers Gontard. 1797 erster Band des *»Hyperion«* bei Cotta in Tübingen und *»Der Wanderer«* in Schillers Zeitschrift *»Die Horen«*. 1802-04 innerlich gebrochen und geistesgestört in Nürtingen bei der Mutter, nach vorübergehender Genesung ab 1806 geisteskrank in der Heilanstalt Tübingen, welche ihn 1807 als unheilbar entlässt. Schreinermeister Ernst Zimmer kümmert sich um ihn, nach dessen Tod führt seine Tochter Friedrich Hölderlins Betreuung fort. Er stirbt am 7. Juni 1843 in Tübingen. [Detaillierter Lebenslauf siehe Joerg K. Sommermeyer, Biographischer Abriss Friedrich Hölderlins, unten S. 113 f.]

Der Herausgeber

Joerg K. Sommermeyer (JS), geb. am 14.10.1947 in Brackenheim, Sohn des Physikers Kurt Hans Sommermeyer (1906-1969). Kindheit in Freiburg. Studierte Jura, Philosophie, Germanistik, Geschichte und Musikwissenschaft. Klassische Gitarre bei Viktor v. Hasselmann und Anton Stingl. Unterrichtete in den späten Sechzigern Gitarre am Kindergärtnerinnen- / Jugendleiterinnenseminar und in den Achtzigern Rechtsanwaltsgehilfinnen in spe an der Max-Weber-Schule in Freiburg. 1976 bis 2004 Rechtsanwalt in Freiburg. Zahlreiche Veröffentlichungen. JS (Joerg Sommermeyer) lebt in Berlin und Lahnstein.

Orlando Syrg, Berlin, 19. März 2023

Joerg K. Sommermeyer (Hg.)

Friedrich Hölderlins

Lyrik

Ausgewählte Gedichte

Ausgewählt, durchgesehen, revidiert und mit einem
Biographischen Abriss herausgegeben

von

Joerg K. Sommermeyer

Orlando Syrg

MMXXIII

1. Auflage 2023

Orlando Syrg, Berlin und Lahnstein

(vormals Freiburg i. Brsg.)

Orlando Syrg Taschenbuch

ORSYTA 32023

Reihe Alte Tradition Azurcelesteblueoscuro

RAT ACBO 37

Auswahl, Durchsicht, Revision, Biographischer Abriss und Herausgabe: Joerg K. Sommermeyer

Umschlaggestaltung (unter Verwendung eines Porträts *„Friedrich Hölderlin, 1792"*, von Franz Karl Hiemer, 1768-1822, auf der Vorderseite): JS

Lektorat, Satz und Layout: Fritz Pernicke, JS, Ton Unbe, Waltraut Schmidt, Hans Ohnson, Karl Anders, Gabi Michaelis, Lars Penath, Marga Sadau, Roland König, Betty Süßblum, Paul Deros, Ella Elle

Herstellung, Vertrieb, Verlag BoD - Books on Demand, Norderstedt

Made in Germany

ISBN 9783748191605

Inhalt

An eine Rose

Ewig trägt im Mutterschoße,
Süße Königin der Flur!
Dich und mich die stille, große,
Allbelebende Natur;
Röschen! unser Schmuck veraltet,
Stürm entblättern dich und mich,
Doch der ewge Keim entfaltet
Bald zu neuer Blüte sich.

An Hiller

Du lebtest, Freund! – Wer nicht die köstliche
Reliquie des Paradieses, nicht
Der Liebe goldne königliche Frucht,
Wie du, auf seinem Lebenswege brach,
Wem nie im Kreise freier Jünglinge
In süßem Ernst der Freundschaft trunkne Zähre
Hinab ins Blut der heilgen Rebe rann,
Wer nicht, wie du, aus dem begeisternden,
Dem ewigvollen Becher der Natur
Sich Mut und Kraft, und Lieb und Freude trank,
Der lebte nie, und wenn sich ein Jahrhundert,
Wie eine Last, auf seiner Schulter häuft. –
Du lebtest, Freund! es blüht nur wenigen
Des Lebens Morgen, wie er dir geblüht;
Du fandest Herzen, dir an Einfalt, dir
An edlem Stolze gleich; es sprossten dir
Viel schöne Blüten der Geselligkeit;
Auch adelte die innigere Lust,
Die Tochter weiser Einsamkeit, dein Herz;
Für jeden Reiz der Hügel und der Tale,
Für jede Grazien des Frühlings ward
Ein offnes unumwölktes Auge dir.

Dich, Glücklicher, umfing die Riesentochter
Der schaffenden Natur, Helvetia;
Wo frei und stark der alte, stolze Rhein

Vom Fels hinunter donnert, standest du
Und jubeltest ins herrliche Getümmel.
Wo Fels und Wald ein holdes zauberisches
Arkadien umschließt, wo himmelhoch Gebirg,
Des tausendjährgen Scheitel ewger Schnee,
Wie Silberhaar des Greisen Stirne, kränzt,
Umschwebt von Wetterwolken und von Adlern,
Sich unabsehbar in die Ferne dehnt,
Wo Tells und Walthers heiliges Gebein
Der unentweihten freundlichen Natur
Im Schoße schläft, und manches Helden Staub,
Vom leisen Abendwind emporgeweht,
Des Sennen sorgenfreies Dach umwallt,
Dort fühltest du, was groß und göttlich ist,
Von seligen Entwürfen glühte dir,
Von tausend goldnen Träumen deine Brust;
Und als du nun vom lieben heilgen Lande
Der Einfalt und der freien Künste schiedst,
Da wölkte freilich sich die Stirne dir,
Doch schuf dir bald mit ihrem Zauberstabe
Manch selig Stündchen die Erinnerung.

Wohl ernster schlägt sie nun, die Scheidestunde;
Denn ach! sie mahnt, die unerbittliche,
Dass unser Liebstes welkt, dass ewge Jugend
Nur drüben im Elysium gedeiht;
Sie wirft uns auseinander, Herzensfreund!
Wie Mast und Segel vom zerrissnen Schiffe
Im wilden Ozean der Sturm zerstreut.
Vielleicht indes uns andre nah und ferne
Der unerforschten Pepromene Wink
Durch Steppen oder Paradiese führt,
Fliegst du der jungen seligeren Welt
Auf deiner Philadelphier Gestaden
Voll frohen Muts im fernen Meere zu;
Vielleicht, dass auch ein süßes Zauberband
Ans abgelebte feste Land dich fesselt!
Denn traun! ein Rätsel ist des Menschen Herz!
Oft flammt der Wunsch, unendlich fortzuwandern,
Unwiderstehlich herrlich in uns auf;

Oft deucht uns auch im engbeschränkten Kreise
Ein Freund, ein Hüttchen, und ein liebes Weib
Zu aller Wünsche Sättigung genug. –
Doch werfe, wie sie will, die Scheidestunde
Die Herzen, die sich lieben, auseinander!
Es scheuet ja der Freundschaft heilger Fels
Die träge Zeit, und auch die Ferne nicht.
Wir kennen uns, du Teurer! – Lebe wohl!

Dem Genius der Kühnheit
Eine Hymne

Wer bist du? wie zur Beute, breitet
Das Unermessliche vor dir sich aus,
Du Herrlicher! mein Saitenspiel geleitet
Dich auch hinab in Plutons dunkles Haus;
So flogen auf Ortygias Gestaden,
Indes der Lieder Sturm die Wolken brach,
Dem Rebengott die taumelnden Mänaden
In wilder Lust durch Hain und Klüfte nach.

Einst war, wie mir, der stille Funken
Zu freier heitrer Flamme dir erwacht,
Du braustest so, von junger Freude trunken,
Voll Übermuts durch deiner Wälder Nacht,
Als von der Meisterin, der Not, geleitet,
Dein ungewohnter Arm die Keule schwang,
Und drohend sich, vom ersten Feind erbeutet,
Die Löwenhaut um deine Schulter schlang. –

Wie nun in jugendlichem Kriege
Heroenkraft mit der Natur sich maß!
Ach! wie der Geist, vom wunderbaren Siege
Berauscht, der armen Sterblichkeit vergaß!
Die stolzen Jünglinge! die kühnen!
Sie legten froh dem Tiger Fesseln an,
Sie bändigten, von staunenden Delphinen
Umtanzt, den königlichen Ozean.

Oft hör ich deine Wehre rauschen,
Du Genius der Kühnen! und die Lust,
Den Wundern deines Heldenvolks zu lauschen,
Sie stärkt mir oft die lebensmüde Brust;
Doch weilst du freundlicher um stille Laren,
Wo eine Welt der Künstler kühn belebt,
Wo um die Majestät des Unsichtbaren
Ein edler Geist der Dichtung Schleier webt.

Den Geist des Alls, und seine Fülle
Begrüßte Mäons Sohn auf heilger Spur,
Sie stand vor ihm, mit abgelegter Hülle,
Voll Ernstes da, die ewige Natur;
Er rief sie kühn vom dunklen Geisterlande,
Und lächelnd trat, in aller Freuden Chor,
Entzückender im menschlichen Gewande
Die namenlose Königin hervor.

Er sah die dämmernden Gebiete,
Wohin das Herz in banger Lust begehrt,
Er streuete der Hoffnung süße Blüte
Ins Labyrinth, wo keiner wiederkehrt,
Dort glänzte nun in mildem Rosenlichte
Der Lieb und Ruh ein lächelnd Heiligtum,
Er pflanzte dort der Hesperiden Früchte,
Dort stillt die Sorgen nun Elysium.

Doch schrecklich war, du Gott der Kühnen!
Dein heilig Wort, wenn unter Nacht und Schlaf
Verkündiger des ewgen Lichts erschienen,
Und den Betrug der Wahrheit Flamme traf;
Wie seinen Blitz aus hohen Wetternächten
Der Donnerer auf bange Tale streut,
So zeigtest du entarteten Geschlechten
Der Riesen Sturz, der Völker Sterblichkeit.

Du wogst mit strenggerechter Schale,
Wenn mit der Toge du das Schwert vertauscht,
Du sprachst, sie wankten, die Sardanapale,
Vom Taumelkelche deines Zorns berauscht;
Es schreckt' umsonst mit ihrem Tigergrimme

Dein Tribunal die alte Finsternis,
Du hörtest ernst der Unschuld leise Stimme,
Und opfertest der heilgen Nemesis.

Verlass mit deinem Götterschilde,
Verlass, o du der Kühnen Genius!
Die Unschuld nie. Gewinne dir und bilde
Das Herz der Jünglinge mit Siegsgenuss!
O säume nicht! ermahne, strafe, siege!
Und sichre stets der Wahrheit Majestät,
Bis aus der Zeit geheimnisvoller Wiege
Des Himmels Kind, der ewge Friede geht.

Griechenland
An St.

Hätt ich dich im Schatten der Platanen,
Wo durch Blumen der Cephissus rann,
Wo die Jünglinge sich Ruhm ersannen,
Wo die Herzen Sokrates gewann,
Wo Aspasia durch Myrten wallte,
Wo der brüderlichen Freude Ruf
Aus der lärmenden Agora schallte,
Wo mein Plato Paradiese schuf,

Wo den Frühling Festgesänge würzten,
Wo die Ströme der Begeisterung
Von Minervens heilgem Berge stürzten –
Der Beschützerin zur Huldigung –
Wo in tausend süßen Dichterstunden,
Wie ein Göttertraum, das Alter schwand,
Hätt ich da, Geliebter! dich gefunden,
Wie vor Jahren dieses Herz dich fand,

Ach! wie anders hätt ich dich umschlungen! –
Marathons Heroen sängst du mir,
Und die schönste der Begeisterungen
Lächelte vom trunknen Auge dir,
Deine Brust verjüngten Siegsgefühle,

Deinen Geist, vom Lorbeerzweig umspielt,
Drückte nicht des Lebens stumpfe Schwüle,
Die so karg der Hauch der Freude kühlt.

Ist der Stern der Liebe dir verschwunden?
Und der Jugend holdes Rosenlicht?
Ach! umtanzt von Hellas goldnen Stunden,
Fühltest du die Flucht der Jahre nicht,
Ewig, wie der Vesta Flamme, glühte
Mut und Liebe dort in jeder Brust,
Wie die Frucht der Hesperiden, blühte
Ewig dort der Jugend stolze Lust.

Ach! es hätt in jenen bessern Tagen
Nicht umsonst so brüderlich und groß
Für das Volk dein liebend Herz geschlagen,
Dem so gern der Freude Zähre floss! –
Harre nun! sie kömmt gewiss, die Stunde,
Die das Göttliche vom Kerker trennt –
Stirb! du suchst auf diesem Erdenrunde,
Edler Geist! umsonst dein Element.

Attika, die Heldin, ist gefallen;
Wo die alten Göttersöhne ruhn,
Im Ruin der schönen Marmorhallen
Steht der Kranich einsam trauernd nun;
Lächelnd kehrt der holde Frühling nieder,
Doch er findet seine Brüder nie
In Ilissus heilgem Tale wieder –
Unter Schutt und Dornen schlummern sie.

Mich verlangt ins ferne Land hinüber
Nach Alcäus und Anakreon,
Und ich schlief' im engen Hause lieber,
Bei den Heiligen in Marathon;
Ach! es sei die letzte meiner Tränen,
Die dem lieben Griechenlande rann,
Lasst, o Parzen, lasst die Schere tönen,
Denn mein Herz gehört den Toten an!

An Neuffer

Im März 1794

Noch kehrt in mich der süße Frühling wieder,
Noch altert nicht mein kindischfröhlich Herz,
Noch rinnt vom Auge mir der Tau der Liebe nieder
Noch lebt in mir der Hoffnung Lust und Schmerz.

Noch tröstet mich mit süßer Augenweide
Der blaue Himmel und die grüne Flur,
Mir reicht die Göttliche den Taumelkelch der Freude,
Die jugendliche freundliche Natur.

Getrost! es ist der Schmerzen wert, dies Leben,
So lang uns Armen Gottes Sonne scheint,
Und Bilder bessrer Zeit um unsre Seele schweben,
Und ach! mit uns ein freundlich Auge weint.

Das Schicksal

Προσκυνουντες την ειμαρμενην, σοφοι
Aeschylus

Als von des Friedens heilgen Talen,
Wo sich die Liebe Kränze wand,
Hinüber zu den Göttermahlen
Des goldnen Alters Zauber schwand,
Als nun des Schicksals ehrne Rechte,
Die große Meisterin, die Not,
Dem übermächtigen Geschlechte
Den langen, bittern Kampf gebot,

Da sprang er aus der Mutter Wiege,
Da fand er sie, die schöne Spur
Zu seiner Tugend schwerem Siege,
Der Sohn der heiligen Natur;
Der hohen Geister höchste Gabe,
Der Tugend Löwenkraft begann
Im Siege, den ein Götterknabe
Den Ungeheuern abgewann.

Es kann die Lust der goldnen Ernte
Im Sonnenbrande nur gedeihn;
Und nur in seinem Blute lernte
Der Kämpfer, frei und stolz zu sein;
Triumph! die Paradiese schwanden,
Wie Flammen aus der Wolke Schoß,
Wie Sonnen aus dem Chaos, wanden
Aus Stürmen sich Heroen los.

Der Not ist jede Lust entsprossen,
Und unter Schmerzen nur gedeiht
Das Liebste, was mein Herz genossen,
Der holde Reiz der Menschlichkeit;
So stieg, in tiefer Flut erzogen,
Wohin kein sterblich Auge sah,
Stillächelnd aus den schwarzen Wogen
In stolzer Blüte Cypria.

Durch Not vereiniget, beschwuren
Vom Jugendtraume süß berauscht
Den Todesbund die Dioskuren,
Und Schwert und Lanze ward getauscht;
In ihres Herzens Jubel eilten
Sie, wie ein Adlerpaar, zum Streit,
Wie Löwen ihre Beute, teilten
Die Liebenden Unsterblichkeit. –

Die Klagen lehrt die Not verachten,
Beschämt und ruhmlos lässt sie nicht
Die Kraft der Jünglinge verschmachten,
Gibt Mut der Brust, dem Geiste Licht;
Der Greise Faust verjüngt sie wieder;
Sie kömmt, wie Gottes Blitz, heran,
Und trümmert Felsenberge nieder,
Und wallt auf Riesen ihre Bahn.

Mit ihrem heilgen Wetterschlage,
Mit Unerbittlichkeit vollbringt
Die Not an *einem* großen Tage,
Was kaum Jahrhunderten gelingt;
Und wenn in ihren Ungewittern

Selbst ein Elysium vergeht,
Und Welten ihrem Donner zittern –
Was groß und göttlich ist, besteht. –

O du, Gespielin der Kolossen,
O weise, zürnende Natur,
Was je ein Riesenherz beschlossen,
Es keimt' in deiner Schule nur.
Wohl ist Arkadien entflohen;
Des Lebens bessre Frucht gedeiht
Durch sie, die Mutter der Heroen,
Die eherne Notwendigkeit. –

Für meines Lebens goldnen Morgen
Sei Dank, o Pepromene, dir!
Ein Saitenspiel und süße Sorgen
Und Träum und Tränen gabst du mir;
Die Flammen und die Stürme schonten
Mein jugendlich Elysium,
Und Ruh und stille Liebe thronten
In meines Herzens Heiligtum.

Es reife von des Mittags Flamme,
Es reife nun vom Kampf und Schmerz
Die Blüt am grenzenlosen Stamme,
Wie Sprosse Gottes, dieses Herz!
Beflügelt von dem Sturm, erschwinge
Mein Geist des Lebens höchste Lust,
Der Tugend Siegeslust verjünge
Bei kargem Glücke mir die Brust!

Im heiligsten der Stürme falle
Zusammen meine Kerkerwand,
Und herrlicher und freier walle
Mein Geist ins unbekannte Land!
Hier blutet oft der Adler Schwinge;
Auch drüben warte Kampf und Schmerz!
Bis an der Sonnen letzte ringe,
Genährt vom Siege, dieses Herz.

Freundeswunsch

An Rosine St.

Wenn vom Frühling rund umschlungen,
Von des Morgens Hauch umweht,
Trunken nach Erinnerungen
Meine wache Seele späht,
Wenn, wie einst am fernen Herde,
Mir so süß die Sonne blinkt,
Und ihr Strahl ins Herz der Erde,
Und der Erdenkinder dringt,

Wenn umdämmert von der Weide,
Wo der Bach vorüber rinnt,
Tief bewegt von Leid und Freude
Meine Seele träumt, und sinnt,
Wenn im Haine Geister säuseln,
Wenn im Mondenschimmer sich
Kaum die stillen Teiche kräuseln,
Schau ich oft und grüße dich.

Edles Herz, du bist der Sterne
Und der schönen Erde wert,
Bist des wert, so viel die ferne
Nahe Mutter dir beschert.
Sieh, mit deiner Liebe lieben
Schöner die Erwählten nur;
Denn du bist ihr treu geblieben,
Deiner Mutter, der Natur!

Der Gesang der Haine schalle
Froh, wie du, um deinen Pfad;
Sanft bewegt vom Weste, walle,
Wie dein friedlich Herz, die Saat.
Deine liebste Blüte regne,
Wo du wandelst, auf die Flur,
Wo dein Auge weilt, begegne
Dir das Lächeln der Natur.

Oft im stillen Tannenhaine

Webe dir ums Angesicht
Seine zauberische reine
Glorie das Abendlicht!
Deines Herzens Sorge wiege
Drauf die Nacht in süße Ruh,
Und die freie Seele fliege
Liebend den Gestirnen zu.

Der Gott der Jugend

Gehn dir im Dämmerlichte,
Wenn in der Sommernacht
Für selige Gesichte
Dein liebend Auge wacht,
Noch oft der Freunde Manen
Und, wie der Sterne Chor,
Die Geister der Titanen
Des Altertums empor,

Wird da, wo sich im Schönen
Das Göttliche verhüllt,
Noch oft das tiefe Sehnen
Der Liebe dir gestillt,
Belohnt des Herzens Mühen
Der Ruhe Vorgefühl,
Und tönt von Melodien
Der Seele Saitenspiel,

So such im stillsten Tale
Den blütenreichsten Hain,
Und gieß aus goldner Schale
Den frohen Opferwein!
Noch lächelt unveraltet
Des Herzens Frühling dir,
Der Gott der Jugend waltet
Noch über dir und mir.

Wie unter Tiburs Bäumen,
Wenn da der Dichter saß,

Und unter Götterträumen
Der Jahre Flucht vergaß,
Wenn ihn die Ulme kühlte,
Und wenn sie stolz und froh
Um Silberblüten spielte,
Die Flut des Anio,

Und wie um Platons Hallen,
Wenn durch der Haine Grün,
Begrüßt von Nachtigallen,
Der Stern der Liebe schien,
Wenn alle Lüfte schliefen,
Und, sanft bewegt vom Schwan,
Cephissus durch Oliven
Und Myrtensträuche rann,

So schön ists noch hienieden!
Auch unser Herz erfuhr
Das Leben und den Frieden
Der freundlichen Natur;
Noch blüht des Himmels Schöne,
Noch mischen brüderlich
In unsers Herzens Töne
Des Frühlings Laute sich.

Drum such im stillsten Tale
Den düftereichsten Hain,
Und gieß aus goldner Schale
Den frohen Opferwein,
Noch lächelt unveraltet
Das Bild der Erde dir,
Der Gott der Jugend waltet
Noch über dir und mir.

Die Eichbäume

Aus den Gärten komm ich zu euch, ihr Söhne des Berges!
Aus den Gärten, da lebt die Natur geduldig und häuslich,
Pflegend und wieder gepflegt mit dem fleißigen Menschen zusammen.

Aber ihr, ihr Herrlichen! steht, wie ein Volk von Titanen
In der zahmeren Welt und gehört nur euch und dem Himmel,
Der euch nährt' und erzog, und der Erde, die euch geboren.
Keiner von euch ist noch in die Schule der Menschen gegangen,
Und ihr drängt euch fröhlich und frei, aus der kräftigen Wurzel,
Unter einander herauf und ergreift, wie der Adler die Beute,
Mit gewaltigem Arme den Raum, und gegen die Wolken
Ist euch heiter und groß die sonnige Krone gerichtet.
Eine Welt ist jeder von euch, wie die Sterne des Himmels
Lebt ihr, jeder ein Gott, in freiem Bunde zusammen.
Könnt ich die Knechtschaft nur erdulden, ich neidete nimmer
Diesen Wald und schmiegte mich gern ans gesellige Leben.
Fesselte nur nicht mehr ans gesellige Leben das Herz mich,
Das von Liebe nicht lässt, wie gern würd ich unter euch wohnen!

An den Äther

Treu und freundlich, wie du, erzog der Götter und Menschen
Keiner, o Vater Äther! mich auf; noch ehe die Mutter
In die Arme mich nahm und ihre Brüste mich tränkten,
Fasstest du zärtlich mich an und gossest himmlischen Trank mir,
Mir den heiligen Odem zuerst in den keimenden Busen.

Nicht von irdischer Kost gedeihen einzig die Wesen,
Aber du nährst sie all mit deinem Nektar, o Vater!
Und es drängt sich und rinnt aus deiner ewigen Fülle
Die beseelende Luft durch alle Röhren des Lebens.
Darum lieben die Wesen dich auch und ringen und streben
Unaufhörlich hinauf nach dir in freudigem Wachstum.

Himmlischer! sucht nicht dich mit ihren Augen die Pflanze,
Streckt nach dir die schüchternen Arme der niedrige Strauch nicht?
Dass er dich finde, zerbricht der gefangene Same Hülse,
Dass er belebt von dir in deiner Welle sich bade,
Schüttelt der Wald den Schnee wie ein überlästig Gewand ab.
Auch die Fische kommen herauf und hüpfen verlangend
Über die glänzende Fläche des Stroms, als begehrten auch diese
Aus der Wiege zu dir; auch den edeln Tieren der Erde
Wird zum Fluge der Schritt, wenn oft das gewaltige Sehnen,

Die geheime Liebe zu dir, sie ergreift, sie hinaufzieht.

Stolz verachtet den Boden das Ross, wie gebogener Stahl strebt
In die Höhe sein Hals, mit der Hufe berührt es den Sand kaum.
Wie zum Scherze, berührt der Fuß der Hirsche den Grashalm,
Hüpft, wie ein Zephyr, über den Bach, der reißend hinabschäumt,
Hin und wieder und schweift kaum sichtbar durch die Gebüsche.

Aber des Äthers Lieblinge, sie, die glücklichen Vögel,
Wohnen und spielen vergnügt in der ewigen Halle des Vaters!
Raums genug ist für alle. Der Pfad ist keinem bezeichnet,
Und es regen sich frei im Hause die Großen und Kleinen.
Über dem Haupte frohlocken sie mir und es sehnt sich auch mein Herz
Wunderbar zu ihnen hinauf; wie die freundliche Heimat
Winkt es von oben herab und auf die Gipfel der Alpen
Möcht ich wandern und rufen von da dem eilenden Adler,
Dass er, wie einst in die Arme des Zeus den seligen Knaben,
Aus der Gefangenschaft in des Äthers Halle mich trage.

Töricht treiben wir uns umher; wie die irrende Rebe,
Wenn ihr der Stab gebricht, woran zum Himmel sie aufwächst,
Breiten wir über dem Boden uns aus und suchen und wandern
Durch die Zonen der Erd, o Vater Äther! vergebens,
Denn es treibt uns die Lust, in deinen Gärten zu wohnen.
In die Meersflut werfen wir uns, in den freieren Ebnen
Uns zu sättigen, und es umspielt die unendliche Woge
Unsern Kiel, es freut sich das Herz an den Kräften des Meergotts.
Dennoch genügt ihm nicht; denn der tiefere Ozean reizt uns,
Wo die leichtere Welle sich regt – o wer dort an jene
Goldnen Küsten das wandernde Schiff zu treiben vermöchte!

Aber indes ich hinauf in die dämmernde Ferne mich sehne,
Wo du fremde Gestad umfängst mit der bläulichen Woge,
Kömmst du säuselnd herab von des Fruchtbaums blühenden Wipfeln,
Vater Äther! und sänftigest selbst das strebende Herz mir,
Und ich lebe nun gern, wie zuvor, mit den Blumen der Erde.

Diotima

Leuchtest du wie vormals nieder,
Goldner Tag! und sprossen mir
Des Gesanges Blumen wieder
Lebenatmend auf zu dir?
Wie so anders ists geworden!
Manches, was ich trauernd mied,
Stimmt in freundlichen Akkorden
Nun in meiner Freude Lied,
Und mit jedem Stundenschlage
Werd ich wunderbar gemahnt
An der Kindheit stille Tage,
Seit ich Sie, die Eine, fand.

Diotima! edles Leben!
Schwester, heilig mir verwandt!
Eh ich dir die Hand gegeben,
Hab ich ferne dich gekannt.
Damals schon, da ich in Träumen,
Mir entlockt vom heitern Tag,
Unter meines Gartens Bäumen,
Ein zufriedner Knabe, lag,
Da in leiser Lust und Schöne
Meiner Seele Mai begann,
Säuselte, wie Zephyrstöne,
Göttliche! dein Geist mich an.

Ach! und da, wie eine Sage,
Jeder frohe Gott mir schwand,
Da ich vor des Himmels Tage
Darbend, wie ein Blinder, stand,
Da die Last der Zeit mich beugte,
Und mein Leben, kalt und bleich,
Sehnend schon hinab sich neigte
In der Toten stummes Reich:
Wünscht ich öfters noch, dem blinden
Wanderer, dies Eine mir,
Meines Herzens Bild zu finden

Bei den Schatten oder hier.

Nun! ich habe dich gefunden!
Schöner, als ich ahndend sah,
Hoffend in den Feierstunden,
Holde Muse! bist du da;
Von den Himmlischen dort oben,
Wo hinauf die Freude flieht,
Wo, des Alterns überhoben,
Immerheitre Schöne blüht,
Scheinst du mir herabgestiegen,
Götterbotin! weiltest du
Nun in gütigem Genügen
Bei dem Sänger immerzu.

Sommerglut und Frühlingsmilde,
Streit und Frieden wechseln hier
Vor dem stillen Götterbilde
Wunderbar im Busen mir;
Zürnend unter Huldigungen
Hab ich oft, beschämt, besiegt,
Sie zu fassen, schon gerungen,
Die mein Kühnstes überfliegt;
Unzufrieden im Gewinne,
Hab ich stolz darob geweint,
Dass zu herrlich meinem Sinne
Und zu mächtig sie erscheint.

Ach! an deine stille Schöne,
Selig holdes Angesicht!
Herz! an deine Himmelstöne
Ist gewohnt das meine nicht;
Aber deine Melodien
Heitern mählich mir den Sinn,
Dass die trüben Träume fliehen,
Und ich selbst ein andrer bin;
Bin ich dazu denn erkoren?
Ich zu deiner hohen Ruh,
So zu Licht und Lust geboren,
Göttlichglückliche! wie du? –

Wie dein Vater und der meine,
Der in heitrer Majestät
Über seinem Eichenhaine
Dort in lichter Höhe geht,
Wie er in die Meereswogen,
Wo die kühle Tiefe blaut,
Steigend von des Himmels Bogen,
Klar und still herunterschaut:
So will ich aus Götterhöhen,
Neu geweiht in schönrem Glück,
Froh zu singen und zu sehen,
Nun zu Sterblichen zurück.

Guter Rat

Hast du Verstand und ein Herz, so zeige nur eines von beiden,
Beides verdammen sie dir, zeigest du beides zugleich.

Advocatus diaboli

Tief im Herzen hass ich den Tross der Despoten und Pfaffen,
Aber noch mehr das Genie, macht es gemein sich damit.

Die Vortrefflichen

Liebe Brüder! versucht es nur nicht, vortrefflich zu werden,
Ehrt das Schicksal und tragts, Stümper auf Erden zu sein;
Denn ist *einmal* der Kopf voran, so folget der Schweif auch
Und die klassische Zeit deutscher Poeten ist aus.

Falsche Popularität

O der Menschenkenner! er stellt sich kindisch mit Kindern;
Aber der Baum und das Kind suchet, was über ihm ist.

Diotima

Komm und besänftige mir, die du einst Elemente versöhntest,
Wonne der himmlischen Muse, das Chaos der Zeit,
Ordne den tobenden Kampf mit Friedenstönen des Himmels,
Bis in der sterblichen Brust sich das Entzweite vereint,
Bis der Menschen alte Natur, die ruhige, große,
Aus der gärenden Zeit mächtig und heiter sich hebt.
Kehr in die dürftigen Herzen des Volks, lebendige Schönheit!
Kehr an den gastlichen Tisch, kehr in die Tempel zurück!
Denn Diotima lebt, wie die zarten Blüten im Winter,
Reich an eigenem Geist, sucht sie die Sonne doch auch.
Aber die Sonne des Geists, die schönere Welt, ist hinunter
Und in frostiger Nacht zanken Orkane sich nur.

An Neuffer

Brüderlich Herz! ich komme zu dir, wie der tauende Morgen,
Schließe du, wie der Kelch zärtlicher Blumen, dich auf;
Einen Himmel empfängst du, der Freude goldene Wolke
Rieselt in eilenden freundlichen Tönen herab.
Freund! ich kenne mich nicht, ich kenne nimmer den Menschen,
Und es schämet der Geist aller Gedanken sich nun.
Fassen wollt er auch sie, wie er fasst die Dinge der Erde,
Fassen ...
Aber ein Schwindel ergriff ihn süß, und die ewige Feste
Seiner Gedanken stürzt' ...

Empedokles

Das Leben suchst du, suchst, und es quillt und glänzt
Ein göttlich Feuer tief aus der Erde dir,
Und du in schauderndem Verlangen
Wirfst dich hinab, in des Ätna Flammen.

So schmelzt' im Weine Perlen der Übermut
Der Königin; und mochte sie doch! hättst du
Nur deinen Reichtum nicht, o Dichter,

Hin in den gärenden Kelch geopfert!

Doch heilig bist du mir, wie der Erde Macht,
Die dich hinwegnahm, kühner Getöteter!
Und folgen möcht ich in die Tiefe,
Hielte die Liebe mich nicht, dem Helden.

An die Parzen

Nur Einen Sommer gönnt, ihr Gewaltigen!
Und einen Herbst zu reifem Gesange mir,
Dass williger mein Herz, vom süßen
Spiele gesättiget, dann mir sterbe.

Die Seele, der im Leben ihr göttlich Recht
Nicht ward, sie ruht auch drunten im Orkus nicht;
Doch ist mir einst das Heilge, das am
Herzen mir liegt, das Gedicht, gelungen,

Willkommen dann, o Stille der Schattenwelt!
Zufrieden bin ich, wenn auch mein Saitenspiel
Mich nicht hinab geleitet; *einmal*
Lebt ich, wie Götter, und mehr bedarfs nicht.

Diotima

Du schweigst und duldest, und sie verstehn dich nicht,
Du heilig Leben! welkest hinweg und schweigst,
Denn ach, vergebens bei Barbaren
Suchst du die Deinen im Sonnenlichte,

Die zärtlichgroßen Seelen, die nimmer sind!
Doch eilt die Zeit. Noch siehet mein sterblich Lied
Den Tag, der, Diotima! nächst den
Göttern mit Helden dich nennt, und dir gleicht.

An ihren Genius

Send ihr Blumen und Frücht aus nieversiegender Fülle,
Send ihr, freundlicher Geist, ewige Jugend herab!
Hüll in deine Wonnen sie ein und lass sie die Zeit nicht
Sehn, wo einsam und fremd sie, die Athenerin, lebt,
Bis sie im Lande der Seligen einst die fröhlichen Schwestern,
Die zu Phidias Zeit herrschten und liebten, umfängt.

Abbitte

Heilig Wesen! gestört hab ich die goldene
Götterruhe dir oft, und der geheimeren,
Tiefern Schmerzen des Lebens
Hast du manche gelernt von mir.

O vergiss es, vergib! gleich dem Gewölke dort
Vor dem friedlichen Mond, geh ich dahin, und du
Ruhst und glänzest in deiner
Schöne wieder, du süßes Licht!

Ehmals und jetzt

In jüngern Tagen war ich des Morgens froh,
Des Abends weint ich; jetzt, da ich älter bin,
Beginn ich zweifelnd meinen Tag, doch
Heilig und heiter ist mir sein Ende.

Lebenslauf

Hoch auf strebte mein Geist, aber die Liebe zog
Schön ihn nieder; das Leid beugt ihn gewaltiger;
So durchlauf ich des Lebens
Bogen und kehre, woher ich kam.

Die Kürze

»Warum bist du so kurz? liebst du, wie vormals, denn
Nun nicht mehr den Gesang? fandst du, als Jüngling, doch,
    In den Tagen der Hoffnung,
    Wenn du sangest, das Ende nie!«

Wie mein Glück, ist mein Lied. – Willst du im Abendrot
Froh dich baden? hinweg ists! und die Erd ist kalt,
    Und der Vogel der Nacht schwirrt
    Unbequem vor das Auge dir.

Die Liebenden

Trennen wollten wir uns, wähnten es gut und klug;
Da wirs taten, warum schreckt' uns, wie Mord, die Tat?
    Ach! wir kennen uns wenig,
    Denn es waltet ein Gott in uns.

Menschenbeifall

Ist nicht heilig mein Herz, schöneren Lebens voll,
    Seit ich liebe? warum achtetet ihr mich mehr,
    Da ich stolzer und wilder,
    Wortereicher und leerer war?

Ach! der Menge gefällt, was auf den Marktplatz taugt,
    Und es ehret der Knecht nur den Gewaltsamen;
    An das Göttliche glauben
    Die allein, die es selber sind.

Die Heimat

Froh kehrt der Schiffer heim an den stillen Strom
    Von fernen Inseln, wo er geerntet hat;
    Wohl möcht auch ich zur Heimat wieder;
    Aber was hab ich, wie Leid, geerntet? –

Ihr holden Ufer, die ihr mich auferzogt,
Stillt ihr der Liebe Leiden? ach! gebt ihr mir,
Ihr Wälder meiner Kindheit, wann ich
Komme, die Ruhe noch *einmal* wieder?

Der gute Glaube

Schönes Leben! du liegst krank, und das Herz ist mir
Müd vom Weinen und schon dämmert die Furcht in mir,
Doch, doch kann ich nicht glauben,
Dass du sterbest, solang du liebst.

Ihre Genesung

Deine Freundin, Natur! leidet und schläft und du,
Allbelebende, säumst? ach! und ihr heilt sie nicht,
Mächtge Lüfte des Äthers,
Nicht ihr Quellen des Sonnenlichts?

Alle Blumen der Erd, alle die fröhlichen,
Schönen Früchte des Hains, heitern sie alle nicht
Dieses Leben, ihr Götter!
Das ihr selber in Lieb erzogt? –

Ach! schon atmet und tönt heilige Lebenslust
Ihr im reizenden Wort wieder wie sonst und schon
Glänzt das Auge des Lieblings
Freundlichoffen, Natur! dich an.

Das Unverzeihliche

Wenn ihr Freunde vergesst, wenn ihr den Künstler höhnt,
Und den tieferen Geist klein und gemein versteht,
Gott vergibt es, doch stört nur
Nie den Frieden der Liebenden.

An die jungen Dichter

Liebe Brüder! es reift unsere Kunst vielleicht,
Da, dem Jünglinge gleich, lange sie schon gegärt,
    Bald zur Stille der Schönheit;
    Seid nur fromm, wie der Grieche war!

Liebt die Götter und denkt freundlich der Sterblichen!
Hasst den Rausch, wie den Frost! lehrt, und beschreibet nicht!
    Wenn der Meister euch ängstigt,
    Fragt die große Natur um Rat.

An die Deutschen

Spottet ja nicht des Kinds, wenn es mit Peitsch und Sporn
Auf dem Rosse von Holz mutig und groß sich dünkt,
    Denn, ihr Deutschen, auch ihr seid
    Tatenarm und gedankenvoll.

Oder kömmt, wie der Strahl aus dem Gewölke kömmt,
Aus Gedanken die Tat? Leben die Bücher bald?
    O ihr Lieben, so nimmt mich,
    Dass ich büße die Lästerung.

Die scheinheiligen Dichter

Ihr kalten Heuchler, sprecht von den Göttern nicht!
Ihr habt Verstand! ihr glaubt nicht an Helios,
    Noch an den Donnerer und Meergott;
    Tot ist die Erde, wer mag ihr danken? –

Getrost ihr Götter! zieret ihr doch das Lied,
Wenn schon aus euren Namen die Seele schwand,
    Und ist ein großes Wort vonnöten,
    Mutter Natur! so gedenkt man deiner.

Sonnenuntergang

Wo bist du? trunken dämmert die Seele mir
Von aller deiner Wonne; denn eben ists,
Dass ich gelauscht, wie, goldner Töne
Voll, der entzückende Sonnenjüngling

Sein Abendlied auf himmlischer Leier spielt';
Es tönten rings die Wälder und Hügel nach.
Doch fern ist er zu frommen Völkern,
Die ihn noch ehren, hinweggegangen.

Sokrates und Alcibiades

»Warum huldigest du, heiliger Sokrates,
Diesem Jünglinge stets? kennest du Größers nicht?
Warum siehet mit Liebe,
Wie auf Götter, dein Aug auf ihn?«

Wer das Tiefste gedacht, liebt das Lebendigste,
Hohe Jugend versteht, wer in die Welt geblickt,
Und es neigen die Weisen
Oft am Ende zu Schönem sich.

An unsre großen Dichter

Des Ganges Ufer hörten des Freudengotts
Triumph, als allerobernd vom Indus her
Der junge Bacchus kam, mit heilgem
Weine vom Schlafe die Völker weckend.

O weckt, ihr Dichter! weckt sie vom Schlummer auch,
Die jetzt noch schlafen, gebt die Gesetze, gebt
Uns Leben, siegt, Heroen! ihr nur
Habt der Eroberung Recht, wie Bacchus.

Der Mensch

Kaum sprossten aus den Wassern, o Erde, dir
Der jungen Berge Gipfel und dufteten
    Lustatmend, immergrüner Haine
        Voll, in des Ozeans grauer Wildnis

Die ersten holden Inseln; und freudig sah
Des Sonnengottes Auge die Neulinge,
    Die Pflanzen, seiner ewgen Jugend
        Lächelnde Kinder, aus dir geboren.

Da auf der Inseln schönster, wo immerhin
Den Hain in zarter Ruhe die Luft umfloss,
    Lag unter Trauben einst, nach lauer
        Nacht, in der dämmernden Morgenstunde

Geboren, Mutter Erde! dein schönstes Kind; –
Und auf zum Vater Helios sieht bekannt
    Der Knab, und wacht und wählt, die süßen
        Beere versuchend, die heilge Rebe

Zur Amme sich; und bald ist er groß; ihn scheun
Die Tiere, denn ein anderer ist, wie sie,
    Der Mensch; nicht dir und nicht dem Vater
        Gleicht er, denn kühn ist in ihm und einzig

Des Vaters hohe Seele mit deiner Lust,
O Erd! und deiner Trauer von je vereint;
    Der Göttermutter, der Natur, der
        Allesumfassenden möcht er gleichen!

Ach! darum treibt ihn, Erde! vom Herzen dir
Sein Übermut, und deine Geschenke sind
    Umsonst und deine zarten Bande;
        Sucht er ein Besseres doch, der Wilde!

Von seines Ufers duftender Wiese muss
Ins blütenlose Wasser hinaus der Mensch,
    Und glänzt auch, wie die Sternennacht, von
        Goldenen Früchten sein Hain, doch gräbt er

Sich Höhlen in den Bergen und späht im Schacht,
Von seines Vaters heiterem Lichte fern,
Dem Sonnengott auch ungetreu, der
Knechte nicht liebt und der Sorge spottet.

Denn freier atmen Vögel des Walds, wenn schon
Des Menschen Brust sich herrlicher hebt, und der
Die dunkle Zukunft sieht, er muss auch
Sehen den Tod und allein ihn fürchten.

Und Waffen wider alle, die atmen, trägt
In ewigbangem Stolze der Mensch; im Zwist
Verzehrt er sich und seines Friedens
Blume, die zärtliche, blüht nicht lange.

Ist er von allen Lebensgenossen nicht
Der seligste? Doch tiefer und reißender
Ergreift das Schicksal, allausgleichend,
Auch die entzündbare Brust dem Starken.

Hyperions Schicksalslied

Ihr wandelt droben im Licht
Auf weichem Boden, selige Genien!
Glänzende Götterlüfte
Rühren euch leicht,
Wie die Finger der Künstlerin
Heilige Saiten.

Schicksallos, wie der schlafende
Säugling, atmen die Himmlischen;
Keusch bewahrt
In bescheidener Knospe,
Blühet ewig
Ihnen der Geist,
Und die seligen Augen
Blicken in stiller
Ewiger Klarheit.

Doch uns ist gegeben,

Auf keiner Stätte zu ruhn,
Es schwinden, es fallen
Die leidenden Menschen
Blindlings von einer
Stunde zur andern,
Wie Wasser von Klippe
Zu Klippe geworfen,
Jahr lang ins Ungewisse hinab.

Götter wandelten einst ...

Götter wandelten einst bei Menschen, die herrlichen Musen
Und der Jüngling, Apoll, heilend, begeisternd wie du.
Und du bist mir, wie sie, als hätte der Seligen Einer
Mich ins Leben gesandt, geh ich, es wandelt das Bild
Meiner Heldin mit mir, wo ich duld und bilde, mit Liebe
Bis in den Tod, denn dies lernt ich und hab ich von ihr.

Lass uns leben, o du, mit der ich leide, mit der ich
Innig und gläubig und treu ringe nach schönerer Zeit.
Sind doch wirs! und wüssten sie noch in kommenden Jahren
Von uns beiden, wenn einst wieder der Genius gilt,
Sprächen sie: es schufen sich einst die Einsamen liebend
Nur von Göttern gekannt ihre geheimere Welt.
Denn die Sterbliches nur besorgt, es empfängt sie die Erde,
Aber näher zum Licht wandern, zum Äther hinauf
Sie, die inniger Liebe treu, und göttlichem Geiste
Hoffend und duldend und still über das Schicksal gesiegt.

Abschied

Wenn ich sterbe mit Schmach, wenn an den Frechen nicht
Meine Seele sich rächt, wenn ich hinunter bin,
Von des Genius Feinden
Überwunden, ins feige Grab,

Dann vergiss mich, o dann rette vom Untergang
Meinen Namen auch du, gütiges Herz! nicht mehr,

Dann erröte, die du mir
Hold gewesen, doch eher nicht!

Aber weiß ich es nicht? Wehe! du liebender
Schutzgeist! ferne von dir spielen zerreißend bald
Auf den Saiten des Herzens
Alle Geister des Todes mir.

O so bleiche dich denn, Locke der mutigen
Jugend! heute noch, du, lieber als morgen mir,

... hier, wo am einsamen
Scheidewege der Schmerz mich,
Mich der Tötende niederwirft.

Die Launischen

Hör ich ferne nur her, wenn ich für mich geklagt,
Saitenspiel und Gesang, schweigt mir das Herz doch gleich;
Bald auch bin ich verwandelt,
Blinkst du, purpurner Wein! mich an

Unter Schatten des Walds, wo die gewaltige
Mittagssonne mir sanft über dem Laube glänzt;
Ruhig sitz ich daselbst, wenn
Zürnend schwerer Beleidigung

Ich im Felde geirrt – Zürnen zu gerne doch
Deine Dichter, Natur! trauern und weinen leicht,
Die Beglückten; wie Kinder,
Die zu zärtlich die Mutter hält,

Sind sie mürrisch und voll herrischen Eigensinns;
Wandeln still sie des Wegs, irret Geringes doch
Bald sie wieder; sie reißen
Aus dem Gleise sich sträubend dir.

Doch du rührest sie kaum, Liebende! freundlich an,
Sind sie friedlich und fromm; fröhlich gehorchen sie;
Du lenkst, Meisterin! sie mit

Weichem Zügel, wohin du willst.

Der Tod fürs Vaterland

Du kömmst, o Schlacht! schon wogen die Jünglinge
  Hinab von ihren Hügeln, hinab ins Tal,
    Wo keck herauf die Würger dringen,
      Sicher der Kunst und des Arms, doch sichrer

  Kömmt über sie die Seele der Jünglinge,
    Denn die Gerechten schlagen, wie Zauberer,
      Und ihre Vaterlandsgesänge
        Lähmen die Kniee den Ehrelosen.

O nimmt mich, nimmt mich mit in die Reihen auf,
  Damit ich einst nicht sterbe gemeinen Tods!
    Umsonst zu sterben, lieb ich nicht, doch
      Lieb ich, zu fallen am Opferhügel

  Fürs Vaterland, zu bluten des Herzens Blut
Fürs Vaterland – und bald ists geschehn! Zu euch,
    Ihr Teuern! komm ich, die mich leben
      Lehrten und sterben, zu euch hinunter!

  Wie oft im Lichte dürstet ich euch zu sehn,
    Ihr Helden und ihr Dichter aus alter Zeit!
      Nun grüßt ihr freundlich den geringen
        Fremdling und brüderlich ists hier unten;

Und Siegesboten kommen herab: Die Schlacht
  Ist unser! Lebe droben, o Vaterland,
    Und zähle nicht die Toten! Dir ist,
      Liebes! nicht Einer zu viel gefallen.

Der Zeitgeist

Zu lang schon waltest über dem Haupte mir,
Du in der dunkeln Wolke, du Gott der Zeit!
    Zu wild, zu bang ists ringsum, und es
        Trümmert und wankt ja, wohin ich blicke.

Ach! wie ein Knabe, seh ich zu Boden oft,
Such in der Höhle Rettung von dir, und möcht,
    Ich Blöder, eine Stelle finden,
        Alleserschüttrer! wo du nicht wärest.

Lass endlich, Vater! offenen Augs mich dir
Begegnen! hast denn du nicht zuerst den Geist
    Mit deinem Strahl aus mir geweckt? mich
        Herrlich ans Leben gebracht, o Vater! –

Wohl keimt aus jungen Reben uns heilge Kraft;
In milder Luft begegnet den Sterblichen,
    Und wenn sie still im Haine wandeln,
        Heiternd ein Gott; doch allmächtger weckst du

Die reine Seele Jünglingen auf, und lehrst
Die Alten weise Künste; der Schlimme nur
    Wird schlimmer, dass er bälder ende,
        Wenn du, Erschütterer! ihn ergreifest.

Abendphantasie

Vor seiner Hütte ruhig im Schatten sitzt
Der Pflüger, dem Genügsamen raucht sein Herd.
    Gastfreundlich tönt dem Wanderer im
        Friedlichen Dorfe die Abendglocke.

Wohl kehren jetzt die Schiffer zum Hafen auch,
In fernen Städten, fröhlich verrauscht des Markts
    Geschäftger Lärm; in stiller Laube
        Glänzt das gesellige Mahl den Freunden.

Wohin denn ich? Es leben die Sterblichen

Von Lohn und Arbeit; wechselnd in Müh und Ruh
Ist alles freudig; warum schläft denn
Nimmer nur mir in der Brust der Stachel?

Am Abendhimmel blühet ein Frühling auf;
Unzählig blühn die Rosen und ruhig scheint
Die goldne Welt; o dorthin nehmt mich,
Purpurne Wolken! und möge droben

In Licht und Luft zerrinnen mir Lieb und Leid! –
Doch, wie verscheucht von töriger Bitte, flieht
Der Zauber; dunkel wirds und einsam
Unter dem Himmel, wie immer, bin ich –

Komm du nun, sanfter Schlummer! zu viel begehrt
Das Herz; doch endlich, Jugend! verglühst du ja,
Du ruhelose, träumerische!
Friedlich und heiter ist dann das Alter.

Des Morgens

Vom Taue glänzt der Rasen; beweglicher
Eilt schon die wache Quelle; die Buche neigt
Ihr schwankes Haupt und im Geblätter
Rauscht es und schimmert; und um die grauen

Gewölke streifen rötliche Flammen dort,
Verkündende, sie wallen geräuschlos auf;
Wie Fluten am Gestade, wogen
Höher und höher die Wandelbaren.

Komm nun, o komm, und eile mir nicht zu schnell,
Du goldner Tag, zum Gipfel des Himmels fort!
Denn offner fliegt, vertrauter dir mein
Auge, du Freudiger! zu, solang du

In deiner Schöne jugendlich blickst und noch
Zu herrlich nicht, zu stolz mir geworden bist;
Du möchtest immer eilen, könnt ich,
Göttlicher Wandrer, mit dir! – doch lächelst

Des frohen Übermütigen du, dass er
Dir gleichen möchte; segne mir lieber dann
Mein sterblich Tun und heitre wieder
Gütiger! heute den stillen Pfad mir.

Der Main

Wohl manches Land der lebenden Erde möcht
Ich sehn, und öfters über die Berg enteilt
Das Herz mir, und die Wünsche wandern
Über das Meer, zu den Ufern, die mir

Vor andern, so ich kenne, gepriesen sind;
Doch lieb ist in der Ferne nicht Eines mir,
Wie jenes, wo die Göttersöhne
Schlafen, das trauernde Land der Griechen.

Ach! einmal dort an Suniums Küste möcht
Ich landen, deine Säulen, Olympion!
Erfragen, dort, noch eh der Nordsturm
Hin in den Schutt der Athenertempel

Und ihrer Götterbilder auch dich begräbt;
Denn lang schon einsam stehst du, o Stolz der Welt,
Die nicht mehr ist! – und o ihr schönen
Inseln Ioniens, wo die Lüfte

Vom Meere kühl an warme Gestade wehn,
Wenn unter kräftger Sonne die Traube reift,
Ach! wo ein goldner Herbst dem armen
Volk in Gesänge die Seufzer wandelt,

Wenn die Betrübten jetzt ihr Limonenwald
Und ihr Granatbaum, purpurner Äpfel voll,
Und süßer Wein und Pauk und Zithar
Zum labyrinthischen Tanze ladet –

Zu euch vielleicht, ihr Inseln! gerät noch einst
Ein heimatloser Sänger; denn wandern muss
Von Fremden er zu Fremden, und die

Erde, die freie, sie muss ja, leider!

Statt Vaterlands ihm dienen, solang er lebt,
Und wenn er stirbt – doch nimmer vergess ich dich,
So fern ich wandre, schöner Main! und
Deine Gestade, die vielbeglückten.

Gastfreundlich nahmst du, Stolzer! bei dir mich auf
Und heitertest das Auge dem Fremdlinge,
Und still hingleitende Gesänge
Lehrtest du mich und geräuschlos Leben.

O ruhig mit den Sternen, du Glücklicher!
Wallst du von deinem Morgen zum Abend fort,
Dem Bruder zu, dem Rhein, und dann mit
Ihm in den Ozean freudig nieder!

Πρὸς εαυτον

Lern im Leben die Kunst, im Kunstwerk lerne das Leben,
Siehst du das eine recht, siehst du das andere auch.

Sophokles

Viele versuchten umsonst das Freudigste freudig zu sagen,
Hier spricht endlich es mir, hier in der Trauer sich aus.

Der zürnende Dichter

Fürchtet den Dichter nicht, wenn er edel zürnet, sein Buchstab
Tötet, aber es macht Geister lebendig der Geist.

Die Scherzhaften

Immer spielt ihr und scherzt? ihr müsst! o Freunde! mir geht dies
In die Seele, denn dies müssen Verzweifelte nur.

Wurzel alles Übels

Einig zu sein, ist göttlich und gut; woher ist die Sucht denn
Unter den Menschen, dass nur Einer und Eines nur sei?

Die Entschlafenen

Einen vergänglichen Tag lebt ich und wuchs mit den Meinen,
Eins ums andere schon schläft mir und fliehet dahin.
Doch ihr Schlafenden wacht am Herzen mir, in verwandter
Seele ruht von euch mir das entfliehende Bild.
Und lebendiger lebt ihr dort, wo des göttlichen Geistes
Freude die Alternden all, alle die Toten verjüngt.

An die Deutschen

Spottet nimmer des Kinds, wenn noch das alberne
Auf dem Rosse von Holz herrlich und viel sich dünkt,
O ihr Guten! auch wir sind
Tatenarm und gedankenvoll!

Aber kommt, wie der Strahl aus dem Gewölke kommt,
Aus Gedanken vielleicht, geistig und reif die Tat?
Folgt die Frucht, wie des Haines
Dunklem Blatte, der stillen Schrift?

Und das Schweigen im Volk, ist es die Feier schon
Vor dem Feste? die Furcht, welche den Gott ansagt?
O dann nehmt mich, ihr Lieben!
Dass ich büße die Lästerung.

Schon zu lange, zu lang irr ich, dem Laien gleich,
In des bildenden Geists werdender Werkstatt hier,
Nur was blühet, erkenn ich,
Was er sinnet, erkenn ich nicht.

Und zu ahnen ist süß, aber ein Leiden auch,
Und schon Jahre genug leb ich in sterblicher

Unverständiger Liebe
Zweifelnd, immer bewegt vor ihm,

Der das stetige Werk immer aus liebender
Seele näher mir bringt, lächelnd dem Sterblichen,
Wo ich zage, des Lebens
Reine Tiefe zu Reife bringt.

Schöpferischer, o wann, Genius unsers Volks,
Wann erscheinest du ganz, Seele des Vaterlands,
Dass ich tiefer mich beuge,
Dass die leiseste Saite selbst

Mir verstumme vor dir, dass ich beschämt
Eine Blume der Nacht, himmlischer Tag, vor dir
Enden möge mit Freuden,
Wenn sie alle, mit denen ich

Vormals trauerte, wenn unsere Städte nun
Hell und offen und wach, reineren Feuers voll
Und die Berge des deutschen
Landes Berge der Musen sind,

Wie die herrlichen einst, Pindos und Helikon,
Und Parnassos, und rings unter des Vaterlands
Goldnem Himmel die freie,
Klare, geistige Freude glänzt.

Wohl ist enge begrenzt unsere Lebenszeit,
Unserer Jahre Zahl sehen und zählen wir,
Doch die Jahre der Völker,
Sah ein sterbliches Auge sie?

Wenn die Seele dir auch über die eigne Zeit
Sich, die sehnende, schwingt, trauernd verweilest du
Dann am kalten Gestade
Bei den Deinen und kennst sie nie,

Und die Künftigen auch, sie, die Verheißenen,
Wo, wo siehest du sie, dass du an Freundeshand
Einmal wieder erwarmest,
Einer Seele vernehmlich seist?

Klanglos, ists in der Halle längst,
Armer Seher! bei dir, sehnend verlischt dein Aug
Und du schlummerst hinunter
Ohne Namen und unbeweint.

Heidelberg

Lange lieb ich dich schon, möchte dich, mir zur Lust,
Mutter nennen, und dir schenken ein kunstlos Lied,
Du, der Vaterlandsstädte
Ländlichschönste, so viel ich sah.

Wie der Vogel des Walds über die Gipfel fliegt,
Schwingt sich über den Strom, wo er vorbei dir glänzt,
Leicht und kräftig die Brücke,
Die von Wagen und Menschen tönt.

Wie von Göttern gesandt, fesselt' ein Zauber einst
Auf die Brücke mich an, da ich vorüber ging,
Und herein in die Berge
Mir die reizende Ferne schien,

Und der Jüngling, der Strom, fort in die Ebne zog,
Traurigfroh, wie das Herz, wenn es, sich selbst zu schön,
Liebend unterzugehen,
In die Fluten der Zeit sich wirft.

Quellen hattest du ihm, hattest dem Flüchtigen
Kühle Schatten geschenkt, und die Gestade sahn
All ihm nach, und es bebte
Aus den Wellen ihr lieblich Bild.

Aber schwer in das Tal hing die gigantische,
Schicksalskundige Burg nieder bis auf den Grund,
Von den Wettern zerrissen;
Doch die ewige Sonne goss

Ihr verjüngendes Licht über das alternde
Riesenbild, und umher grünte lebendiger
Efeu; freundliche Wälder

Rauschten über die Burg herab.

Sträuche blühten herab, bis wo im heitern Tal,
An den Hügel gelehnt, oder dem Ufer hold,
Deine fröhlichen Gassen
Unter duftenden Gärten ruhn.

Der Neckar

In deinen Tälern wachte mein Herz mir auf
Zum Leben, deine Wellen umspielten mich,
Und all der holden Hügel, die dich
Wanderer! kennen, ist keiner fremd mir.

Auf ihren Gipfeln löste des Himmels Luft
Mir oft der Knechtschaft Schmerzen; und aus dem Tal,
Wie Leben aus dem Freudebecher,
Glänzte die bläuliche Silberwelle.

Der Berge Quellen eilten hinab zu dir,
Mit ihnen auch mein Herz und du nahmst uns mit,
Zum stillerhabnen Rhein, zu seinen
Städten hinunter und lustgen Inseln.

Noch dünkt die Welt mir schön, und das Aug entflieht
Verlangend nach den Reizen der Erde mir,
Zum goldenen Paktol, zu Smyrnas
Ufer, zu Ilions Wald. Auch möcht ich

Bei Sunium oft landen, den stummen Pfad
Nach deinen Säulen fragen, Olympion!
Noch eh der Sturmwind und das Alter
Hin in den Schutt der Athenertempel

Und ihrer Gottesbilder auch dich begräbt,
Denn lang schon einsam stehst du, o Stolz der Welt,
Die nicht mehr ist. Und o ihr schönen
Inseln Ioniens! wo die Meerluft

Die heißen Ufer kühlt und den Lorbeerwald

47

Durchsäuselt, wenn die Sonne den Weinstock wärmt,
Ach! wo ein goldner Herbst dem armen
Volk in Gesänge die Seufzer wandelt,

Wenn sein Granatbaum reift, wenn aus grüner Nacht
Die Pomeranze blinkt, und der Mastixbaum
Von Harze träuft und Pauk und Cymbel
Zum labyrinthischen Tanze klingen.

Zu euch, ihr Inseln! bringt mich vielleicht, zu euch
Mein Schutzgott einst; doch weicht mir aus treuem Sinn
Auch da mein Neckar nicht mit seinen
Lieblichen Wiesen und Uferweiden.

Die Heimat

Froh kehrt der Schiffer heim an den stillen Strom,
Von Inseln fernher, wenn er geerntet hat;
So käm auch ich zur Heimat, hätt ich
Güter so viele, wie Leid, geerntet.

Ihr teuern Ufer, die mich erzogen einst,
Stillt ihr der Liebe Leiden, versprecht ihr mir,
Ihr Wälder meiner Jugend, wenn ich
Komme, die Ruhe noch einmal wieder?

Am kühlen Bache, wo ich der Wellen Spiel,
Am Strome, wo ich gleiten die Schiffe sah,
Dort bin ich bald; euch traute Berge,
Die mich behüteten einst, der Heimat

Verehrte sichre Grenzen, der Mutter Haus
Und liebender Geschwister Umarmungen
Begrüß ich bald und ihr umschließt mich,
Dass, wie in Banden, das Herz mir heile,

Ihr treugebliebnen! aber ich weiß, ich weiß,
Der Liebe Leid, dies heilet so bald mir nicht,
Dies singt kein Wiegensang, den tröstend
Sterbliche singen, mir aus dem Busen.

Denn sie, die uns das himmlische Feuer leihn,
Die Götter schenken heiliges Leid uns auch,
    Drum bleibe dies. Ein Sohn der Erde
        Schein ich; zu lieben gemacht, zu leiden.

Die Liebe

Wenn ihr Freunde vergesst, wenn ihr die Euern all,
O ihr Dankbaren, sie, euere Dichter schmäht,
    Gott vergeb es, doch ehret
        Nur die Seele der Liebenden.

Denn o saget, wo lebt menschliches Leben sonst,
Da die knechtische jetzt alles, die Sorge, zwingt?
    Darum wandelt der Gott auch
        Sorglos über dem Haupt uns längst.

Doch, wie immer das Jahr kalt und gesanglos ist
Zur beschiedenen Zeit, aber aus weißem Feld
    Grüne Halme doch sprossen,
        Oft ein einsamer Vogel singt,

Wenn sich mählich der Wald dehnet, der Strom sich regt,
Schon die mildere Luft leise von Mittag weht
    Zur erlesenen Stunde,
        So ein Zeichen der schönern Zeit,

Die wir glauben, erwächst einzig genügsam noch,
Einzig edel und fromm über dem ehernen,
    Wilden Boden die Liebe,
        Gottes Tochter, von ihm allein.

Sei gesegnet, o sei, himmlische Pflanze, mir
Mit Gesange gepflegt, wenn des ätherischen
    Nektars Kräfte dich nähren,
        Und der schöpfrische Strahl dich reift.

Wachs und werde zum Wald! eine beseeltere,
Vollentblühende Welt! Sprache der Liebenden
    Sei die Sprache des Landes,

Ihre Seele der Laut des Volks!

Lebenslauf

Größers wolltest auch du, aber die Liebe zwingt
All uns nieder, das Leid beuget gewaltiger,
    Doch es kehret umsonst nicht
    Unser Bogen, woher er kommt.

Aufwärts oder hinab! herrschet in heilger Nacht,
Wo die stumme Natur werdende Tage sinnt,
    Herrscht im schiefesten Orkus
    Nicht ein Grades, ein Recht noch auch?

Dies erfuhr ich. Denn nie, sterblichen Meistern gleich,
Habt ihr Himmlischen, ihr Alleserhaltenden,
    Dass ich wüsste, mit Vorsicht
    Mich des ebenen Pfads geführt.

Alles prüfe der Mensch, sagen die Himmlischen,
Dass er, kräftig genährt, danken für Alles lern,
    Und verstehe die Freiheit,
    Aufzubrechen, wohin er will.

Ihre Genesung

Sieh! dein Liebstes, Natur, leidet und schläft und du,
Allesheilende, säumst? oder ihr seids nicht mehr,
    Zarte Lüfte des Äthers,
    Und ihr Quellen des Morgenlichts?

Alle Blumen der Erd, alle die goldenen
Frohen Früchte des Hains, alle sie heilen nicht
    Dieses Leben, ihr Götter,
    Das ihr selber doch euch erzogt?

Ach! schon atmet und tönt heilige Lebenslust
Ihr im reizenden Wort wieder, wie sonst und schon
    Glänzt in zärtlicher Jugend

Deine Blume, wie sonst, dich an,

Heilge Natur, o du, welche zu oft, zu oft,
Wenn ich trauernd versank, lächelnd das zweifelnde
Haupt mit Gaben umkränzte,
Jugendliche, nun auch, wie sonst!

Wenn ich altre dereinst, siehe, so geb ich dir,
Die mich täglich verjüngt, Allesverwandelnde,
Deiner Flamme die Schlacken,
Und ein anderer leb ich auf.

Der Abschied

(Zweite Fassung)

Trennen wollten wir uns? wähnten es gut und klug?
Da wirs taten, warum schreckte, wie Mord, die Tat?
Ach! wir kennen uns wenig,
Denn es waltet ein Gott in uns.

Den verraten? ach ihn, welcher uns alles erst,
Sinn und Leben erschuf, ihn, den beseelenden
Schutzgott unserer Liebe,
Dies, dies Eine vermag ich nicht.

Aber anderen Fehl denket der Weltsinn sich,
Andern ehernen Dienst übt er und anders Recht,
Und es listet die Seele
Tag für Tag der Gebrauch uns ab.

Wohl! ich wusst es zuvor. Seit die gewurzelte
Ungestalte, die Furcht Götter und Menschen trennt,
Muss, mit Blut sie zu sühnen,
Muss der Liebenden Herz vergehn.

Lass mich schweigen! o lass nimmer von nun an mich
Dieses Tödliche sehn, dass ich im Frieden doch
Hin ins Einsame ziehe,
Und noch unser der Abschied sei!

Reich die Schale mir selbst, dass ich des rettenden
Heilgen Giftes genug, dass ich des Lethetranks
Mit dir trinke, dass alles,
Hass und Liebe, vergessen sei!

Hingehn will ich. Vielleicht seh ich in langer Zeit
Diotima! dich hier. Aber verblutet ist
Dann das Wünschen und friedlich
Gleich den Seligen, fremde gehn

Wir umher, ein Gespräch führet uns ab und auf,
Sinnend, zögernd, doch jetzt mahnt die Vergessenen
Hier die Stelle des Abschieds,
Es erwarmet ein Herz in uns,

Staunend seh ich dich an, Stimmen und süßen Sang,
Wie aus voriger Zeit, hör ich und Saitenspiel,
Und die Lilie duftet
Golden über dem Bach uns auf.

Diotima

Du schweigst und duldest, denn sie verstehn dich nicht,
Du edles Leben! siehest zur Erd und schweigst
Am schönen Tag, denn ach! umsonst nur
Suchst du die Deinen im Sonnenlichte,

Die Königlichen, welche, wie Brüder doch,
Wie eines Hains gesellige Gipfel sonst
Der Lieb und Heimat sich und ihres
Immerumfangenden Himmels freuten,

Des Ursprungs noch in tönender Brust gedenk;
Die Dankbarn, sie, sie mein ich, die einzigtreu
Bis in den Tartarus hinab die Freude
Brachten, die Freien, die Göttermenschen,

Die zärtlichgroßen Seelen, die nimmer sind;
Denn sie beweint, so lange das Trauerjahr
Schon dauert, von den vorgen Sternen

Täglich gemahnet, das Herz noch immer

Und diese Totenklage, sie ruht nicht aus.
Die Zeit doch heilt. Die Himmlischen sind jetzt stark,
    Sind schnell. Nimmt denn nicht schon ihr altes
        Freudiges Recht die Natur sich wieder?

Sieh! eh noch unser Hügel, o Liebe, sinkt,
Geschiehts, und ja! noch siehet mein sterblich Lied
    Den Tag, der, Diotima! nächst den
        Göttern mit Helden dich nennt, und dir gleicht.

Rückkehr in die Heimat

Ihr milden Lüfte! Boten Italiens!
Und du mit deinen Pappeln, geliebter Strom!
    Ihr wogenden Gebirg! o all ihr
        Sonnigen Gipfel, so seid ihrs wieder?

Du stiller Ort! in Träumen erschienst du fern
Nach hoffnungslosem Tage dem Sehnenden,
    Und du mein Haus, und ihr Gespielen,
        Bäume des Hügels, ihr wohlbekannten!

Wie lang ists, o wie lange! des Kindes Ruh
Ist hin, und hin ist Jugend und Lieb und Lust;
    Doch du, mein Vaterland! du heilig –
        Duldendes! siehe, du bist geblieben.

Und darum, dass sie dulden mit dir, mit dir
Sich freun, erziehst du, teures! die Deinen auch
    Und mahnst in Träumen, wenn sie ferne
        Schweifen und irren, die Ungetreuen.

Und wenn im heißen Busen dem Jünglinge
Die eigenmächtgen Wünsche besänftiget
    Und stille vor dem Schicksal sind, dann
        Gibt der Geläuterte dir sich lieber.

Lebt wohl dann, Jugendtage, du Rosenpfad

Der Lieb, und all ihr Pfade des Wanderers,
Lebt wohl! und nimm und segne du mein
Leben, o Himmel der Heimat, wieder!

Das Ahnenbild

Ne virtus ulla pereat!

Alter Vater! Du blickst immer, wie ehmals, noch,
Da du gerne gelebt unter den Sterblichen,
Aber ruhiger nur, und
Wie die Seligen, heiterer

In die Wohnung, wo dich, Vater! das Söhnlein nennt,
Wo es lächelnd vor dir spielt und den Mutwill übt,
Wie die Lämmer im Feld, auf
Grünem Teppiche, den zur Lust

Ihm die Mutter gegönnt. Ferne sich haltend, sieht
Ihm die Liebende zu, wundert der Sprache sich
Und des jungen Verstandes
Und des blühenden Auges schon.

Und an andere Zeit mahnt sie der Mann, dein Sohn;
An die Lüfte des Mais, da er geseufzt um sie,
An die Bräutigamstage,
Da der Stolze die Demut lernt.

Doch es wandte sich bald: Sicherer, denn er war,
Ist er, herrlicher ist unter den Seinigen
Nun der Zweifachgeliebte,
Und ihm gehet sein Tagewerk.

Stiller Vater! auch du lebtest und liebtest so;
Darum wohnest du nun, als ein Unsterblicher,
Bei den Kindern, und Leben,
Wie vom schweigenden Äther, kommt

Öfters über das Haus, ruhiger Mann! von dir,
Und es mehrt sich, es reift, edler von Jahr zu Jahr,
In bescheidenem Glücke,

Was mit Hoffnungen du gepflanzt.

Die du liebend erzogst, siehe! sie grünen dir,
Deine Bäume, wie sonst, breiten ums Haus den Arm,
Voll von dankenden Gaben;
Sichrer stehen die Stämme schon;

Und am Hügel hinab, wo du den sonnigen
Boden ihnen gebaut, neigen und schwingen sich
Deine freudigen Reben,
Trunken, purpurner Trauben voll.

Aber unten im Haus ruhet, besorgt von dir,
Der gekelterte Wein. Teuer ist der dem Sohn,
Und er sparet zum Fest das
Alte, lautere Feuer sich.

Dann beim nächtlichen Mahl, wenn er, in Lust und Ernst,
Von Vergangenem viel, vieles von Künftigem
Mit den Freunden gesprochen,
Und der letzte Gesang noch hallt,

Halt er höher den Kelch, siehet dein Bild und spricht:
»Deiner denken wir nun, dein, und so werd und bleib
Ihre Ehre des Hauses
Guten Genien, hier und sonst!«

Und es tönen zum Dank hell die Kristalle dir;
Und die Mutter, sie reicht, heute zum ersten Mal,
Dass es wisse vom Feste,
Auch dem Kinde von deinem Trank.

Ermunterung

(Zweite Fassung)

Echo des Himmels! heiliges Herz! warum,
Warum verstummst du unter den Lebenden,
Schläfst, freies! von den Götterlosen
Ewig hinab in die Nacht verwiesen?

Wacht denn, wie vormals, nimmer des Äthers Licht?
Und blüht die alte Mutter, die Erde nicht?
Und übt der Geist nicht da und dort, nicht
Lächelnd die Liebe das Recht noch immer?

Nur du nicht mehr! doch mahnen die Himmlischen,
Und stillebildend weht, wie ein kahl Gefild,
Der Odem der Natur dich an, der
Alleserheiternde, seelenvolle.

O Hoffnung! bald, bald singen die Haine nicht
Des Lebens Lob allein, denn es ist die Zeit,
Dass aus der Menschen Munde sie, die
Schönere Seele, sich neuverkündet,

Dann liebender im Bunde mit Sterblichen
Das Element sich bildet, und dann erst reich,
Bei frommer Kinder Dank, der Erde
Brust, die unendliche, sich entfaltet

Und unsre Tage wieder, wie Blumen, sind,
Wo sie, des Himmels Sonne, sich ausgeteilt
Im stillen Wechsel sieht und wieder
Froh in den Frohen das Licht sich findet,

Und er, der sprachlos waltet und unbekannt
Zukünftiges bereitet, der Gott, der Geist
Im Menschenwort, am schönen Tage
Kommenden Jahren, wie einst, sich ausspricht.

Natur und Kunst oder Saturn und Jupiter

Du waltest hoch am Tag und es blühet dein
Gesetz, du hältst die Waage, Saturnus Sohn!
Und teilst die Los' und ruhest froh im
Ruhm der unsterblichen Herrscherkünste.

Doch in den Abgrund, sagen die Sänger sich,
Habst du den heilgen Vater, den eignen, einst
Verwiesen und es jammre drunten,

Da, wo die Wilden vor dir mit Recht sind,

Schuldlos der Gott der goldenen Zeit schon längst:
Einst mühelos, und größer, wie du, wenn schon
    Er kein Gebot aussprach und ihn der
      Sterblichen keiner mit Namen nannte.

Herab denn! oder schäme des Danks dich nicht!
Und willst du bleiben, diene dem Älteren,
    Und gönn es ihm, dass ihn vor allen,
      Göttern und Menschen, der Sänger nenne!

Denn, wie aus dem Gewölke dein Blitz, so kömmt
Von ihm, was dein ist, siehe! so zeugt von ihm,
    Was du gebeutst, und aus Saturnus
      Frieden ist jegliche Macht erwachsen.

Und hab ich erst am Herzen Lebendiges
Gefühlt und dämmert, was du gestaltetest,
    Und war in ihrer Wiege mir in
      Wonne die wechselnde Zeit entschlummert:

Dann kenn ich dich, Kronion! dann hör ich dich,
Den weisen Meister, welcher, wie wir, ein Sohn
    Der Zeit, Gesetze gibt und, was die
      Heilige Dämmerung birgt, verkündet.

An Eduard

(Zweite Fassung)

Euch alten Freunde droben, unsterbliches
Gestirn, euch frag ich, Helden! woher es ist,
    Dass ich so untertan ihm bin, und
      So der Gewaltige sein mich nennet.

Nicht vieles kann ich bieten, nur weniges
Kann ich verlieren, aber ein liebes Glück,
    Ein einziges, zum Angedenken
      Reicherer Tage zurückgeblieben,

Und dies, so ers geböte, dies Eine noch,
Mein Saitenspiel, ich wagt es, wohin er wollt,
Und mit Gesange folgt ich, selbst ins
Ende der Tapfern, hinab dem Teuern.

»Mit Wolken«, säng ich, »tränkt das Gewitter dich,
Du dunkler Boden, aber mit Blut der Mensch;
So schweigt, so ruht er, der sein Gleiches
Droben und drunten umsonst erfragte.

Wo ist der Liebe Zeichen am Tag? wo spricht
Sich aus das Herz? wo ruhet es endlich? wo
Wirds wahr, was uns, bei Nacht und Tag, zu
Lange der glühende Traum verkündet?

Hier, wo die Opfer fallen, ihr Lieben, hier!
Und schon tritt hin der festliche Zug! schon blinkt
Der Stahl! die Wolke dampft! sie fallen und es
Hallt in der Luft und die Erde rühmt es!«

Wenn ich so singend fiele, dann rächtest du
Mich, mein Achill! und sprächest: »Er lebte doch
Treu bis zuletzt!« Das ernste Wort, das
Richtet mein Feind und der Totenrichter!

Zwar hab ich dich in Ruhe noch jetzt; dich birgt
Der ernste Wald, es hält das Gebirge dich,
Das mütterliche, noch den edlen
Zögling in sicherem Arm, die Weisheit

Singt dir den alten Wiegengesang, sie webt
Ums Aug ihr heilig Dunkel, doch sieh! es flammt
Aus fernetönendem Gewölk die
Mahnende Flamme des Zeitengottes.

Es regt sein Sturm die Schwingen dir auf, dich ruft,
Dich nimmt der Herr der Helden hinauf; o nimm
Mich du! mit dir! und bringe sie dem
Lächelnden Gotte, die leichte Beute!

Die Dioskuren

Ihr edeln Brüder droben, unsterbliches
Gestirn, euch frag ich, Helden, woher es ist,
  Dass ich so untertan ihm bin und
    So der Gewaltige sein mich nennet.

Denn wenig, aber Eines hab ich daheim, das ich,
Da niemand mag, soll tauschen, ein gutes Glück,
  Ein lichtes, reines, zum Gedächtnis
    Lebender Tage zurückgeblieben.

So aber er gebietet, dies Eine doch,
Wohin ers wollte, wagt ich mein Saitenspiel,
  Samt dem Gesange folgt ich, selbst ins
    Dunkel der Tapferen, ihm hinunter.

»Mit Wolken«, säng ich, »tränkt das Gewitter dich,
Du spöttischer Boden, aber mit Blut der Mensch,
  So schweigt, so heiligt, der sein Gleiches
    Droben und drunten umsonst erfragte.«

Unter den Alpen gesungen

Heilige Unschuld, du der Menschen und der
Götter liebste vertrauteste! du magst im
  Hause oder draußen ihnen zu Füßen
    Sitzen, den Alten,

Immerzufriedner Weisheit voll; denn manches
Gute kennet der Mann, doch staunet er, dem
  Wild gleich, oft zum Himmel, aber wie rein ist,
    Reine, dir alles!

Siehe! das rauhe Tier des Feldes, gerne
Dient und trauet es dir, der stumme Wald spricht
  Wie vor alters, seine Sprüche zu dir, es
    Lehren die Berge

Heilge Gesetze dich, und was noch jetzt uns

Vielerfahrenen offenbar der große
Vater werden heißt, du darfst es allein uns
Helle verkünden.

So mit den Himmlischen allein zu sein, und
Geht vorüber das Licht, und Strom und Wind, und
Zeit eilt hin zum Ort, vor ihnen ein stetes
Auge zu haben,

Seliger weiß und wünsch ich nichts, so lange
Nicht auch mich, wie die Weide, fort die Flut nimmt,
Dass wohl aufgehoben, schlafend dahin ich
Muss in den Wogen;

Aber es bleibt daheim gern, wer in treuem
Busen Göttliches hält, und frei will ich, so
Lang ich darf, euch all, ihr Sprachen des Himmels!
Deuten und singen.

Dichterberuf

Des Ganges Ufer hörten des Freudengotts
Triumph, als allerobernd vom Indus her
Der junge Bacchus kam, mit heilgem
Weine vom Schlafe die Völker weckend.

Und du, des Tages Engel! erweckst sie nicht,
Die jetzt noch schlafen? gib die Gesetze, gib
Uns Leben, siege, Meister, du nur
Hast der Eroberung Recht, wie Bacchus.

Nicht, was wohl sonst des Menschen Geschick und Sorg
Im Haus und unter offenem Himmel ist,
Wenn edler, denn das Wild, der Mann sich
Wehret und nährt! denn es gilt ein anders,

Zu Sorg und Dienst den Dichtenden anvertraut!
Der Höchste, der ists, dem wir geeignet sind,
Dass näher, immerneu besungen
Ihn die befreundete Brust vernehme.

Und dennoch, o ihr Himmlischen all, und all
Ihr Quellen und ihr Ufer und Hain' und Höhn,
Wo wunderbar zuerst, als du die
Locken ergriffen, und unvergesslich

Der unverhoffte Genius über uns
Der schöpferische, göttliche kam, dass stumm
Der Sinn uns ward und, wie vom
Strahle gerührt, das Gebein erbebte,

Ihr ruhelosen Taten in weiter Welt!
Ihr Schicksalstag', ihr reißenden, wenn der Gott
Stillsinnend lenkt, wohin zorntrunken
Ihn die gigantischen Rosse bringen,

Euch sollten wir verschweigen, und wenn in uns
Vom stetigstillen Jahre der Wohllaut tönt,
So sollt es klingen, gleich als hätte
Mutig und müßig ein Kind des Meisters

Geweihte, reine Saiten im Scherz gerührt?
Und darum hast du, Dichter! des Orients
Propheten und den Griechensang und
Neulich die Donner gehört, damit du

Den Geist zu Diensten brauchst und die Gegenwart
Des Guten übereilest, in Spott, und den Albernen
Verleugnest, herzlos, und zum Spiele
Feil, wie gefangenes Wild, ihn treibest?

Bis aufgereizt vom Stachel im Grimme der
Des Ursprungs sich erinnert und ruft, dass selbst
Der Meister kommt, dann unter heißen
Todesgeschossen entseelt dich lässet.

Zu lang ist alles Göttliche dienstbar schon
Und alle Himmelskräfte verscherzt, verbraucht
Die Gütigen, zur Lust, danklos, ein
Schlaues Geschlecht und zu kennen wähnt es,

Wenn ihnen der Erhabne den Acker baut,
Das Tagslicht und den Donnerer, und es späht

Das Sehrohr wohl sie all und zählt und
Nennet mit Namen des Himmels Sterne.

Der Vater aber decket mit heilger Nacht,
Damit wir bleiben mögen, die Augen zu.
Nicht liebt er Wildes! Doch es zwinget
Nimmer die weite Gewalt den Himmel.

Noch ists auch gut, zu weise zu sein. Ihn kennt
Der Dank. Doch nicht behält er es leicht allein,
Und gern gesellt, damit verstehn sie
Helfen, zu anderen sich ein Dichter.

Furchtlos bleibt aber, so er es muss, der Mann
Einsam vor Gott, es schützet die Einfalt ihn,
Und keiner Waffen brauchts und keiner
Listen, so lange, bis Gottes Fehl hilft.

Stimme des Volks

(Zweite Fassung)

Du seiest Gottes Stimme, so glaubt ich sonst
In heilger Jugend; ja, und ich sag es noch!
Um unsre Weisheit unbekümmert
Rauschen die Ströme doch auch, und dennoch,

Wer liebt sie nicht? und immer bewegen sie
Das Herz mir, hör ich ferne die Schwindenden,
Die Ahnungsvollen meine Bahn nicht,
Aber gewisser ins Meer hin eilen.

Denn selbstvergessen, allzubereit, den Wunsch
Der Götter zu erfüllen, ergreift zu gern,
Was sterblich ist, wenn offnen Augs auf
Eigenen Pfaden es einmal wandelt,

Ins All zurück die kürzeste Bahn; so stürzt
Der Strom hinab, er suchet die Ruh, es reißt,
Es ziehet wider Willen ihn, von
Klippe zu Klippe, den Steuerlosen,

Das wunderbare Sehnen dem Abgrund zu;
Das Ungebundne reizet und Völker auch
Ergreift die Todeslust und kühne
Städte, nachdem sie versucht das Beste,

Von Jahr zu Jahr forttreibend das Werk, sie hat
Ein heilig Ende troffen; die Erde grünt
Und stille vor den Sternen liegt, den
Betenden gleich, in den Sand geworfen,

Freiwillig überwunden die lange Kunst
Vor jenen Unnachahmbaren da; er selbst,
Der Mensch, mit eigner Hand zerbrach, die
Hohen zu ehren, sein Werk, der Künstler.

Doch minder nicht sind jene den Menschen hold,
Sie lieben wieder, so wie geliebt sie sind,
Und hemmen öfters, dass er lang im
Lichte sich freue, die Bahn des Menschen.

Und, nicht des Adlers Jungen allein, sie wirft
Der Vater aus dem Neste, damit sie nicht
Zu lang ihm bleiben, uns auch treibt mit
Richtigem Stachel hinaus der Herrscher.

Wohl jenen, die zur Ruhe gegangen sind,
Und vor der Zeit gefallen, auch die, auch die
Geopfert, gleich den Erstlingen der
Ernte, sie haben ein Teil gefunden.

Am Xanthos lag, in griechischer Zeit, die Stadt,
Jetzt aber, gleich den größeren, die dort ruhn,
Ist durch ein Schicksal sie dem heilgen
Lichte des Tages hinweggekommen.

Sie kamen aber, nicht in der offnen Schlacht,
Durch eigne Hand um. Fürchterlich ist davon,
Was dort geschehn, die wunderbare
Sage von Osten zu uns gelanget.

Es reizte sie die Güte von Brutus. Denn
Als Feuer ausgegangen, so bot er sich,

Zu helfen ihnen, ob er gleich, als Feldherr,
Stand in Belagerung vor den Toren.

Doch von den Mauern warfen die Diener sie,
Die er gesandt. Lebendiger ward darauf
Das Feuer und sie freuten sich und ihnen
Strecket' entgegen die Hände Brutus

Und alle waren außer sich selbst. Geschrei
Entstand und Jauchzen. Drauf in die Flamme warf
Sich Mann und Weib, von Knaben stürzt' auch
Der von dem Dach, in der Väter Schwert der.

Nicht rätlich ist es, Helden zu trotzen. Längst
Wars aber vorbereitet. Die Väter auch,
Da sie ergriffen waren, einst, und
Heftig die persischen Feinde drängten,

Entzündeten, ergreifend des Stromes Rohr,
Dass sie das Freie fänden, die Stadt. Und Haus
Und Tempel nahm, zum heilgen Äther
Fliegend, und Menschen hinweg die Flamme.

So hatten es die Kinder gehört, und wohl
Sind gut die Sagen, denn ein Gedächtnis sind
Dem Höchsten sie, doch auch bedarf es
Eines, die heiligen auszulegen.

Der blinde Sänger

Ελυσεν αινον αχος απ᾽ ομματων Αρης (Sophokles)

Wo bist du, Jugendliches! das immer mich
Zur Stunde weckt des Morgens, wo bist du, Licht!
Das Herz ist wach, doch bannt und hält in
Heiligem Zauber die Nacht mich immer.

Sonst lauscht ich um die Dämmerung gern, sonst harrt
Ich gerne dein am Hügel, und nie umsonst!
Nie täuschten mich, du Holdes, deine
Boten, die Lüfte, denn immer kamst du,

Kamst allbeseligend den gewohnten Pfad
Herein in deiner Schöne, wo bist du, Licht!
Das Herz ist wieder wach, doch bannt und
Hemmt die unendliche Nacht mich immer.

Mir grünten sonst die Lauben; es leuchteten
Die Blumen, wie die eigenen Augen, mir;
Nicht ferne war das Angesicht der
Meinen und leuchtete mir und droben

Und um die Wälder sah ich die Fittiche
Des Himmels wandern, da ich ein Jüngling war;
Nun sitz ich still allein, von einer
Stunde zur anderen, und Gestalten

Aus Lieb und Leid der helleren Tage schafft
Zur eignen Freude nun mein Gedanke sich,
Und ferne lausch ich hin, ob nicht ein
Freundlicher Retter vielleicht mir komme.

Dann hör ich oft die Stimme des Donnerers
Am Mittag, wenn der eherne nahe kommt,
Wenn ihm das Haus bebt und der Boden
Unter ihm dröhnt und der Berg es nachhallt.

Den Retter hör ich dann in der Nacht, ich hör
Ihn tötend, den Befreier, belebend ihn,
Den Donnerer vom Untergang zum
Orient eilen und ihm nach tönt ihr,

Ihm nach, ihr meine Saiten! es lebt mit ihm
Mein Lied und wie die Quelle dem Strome folgt,
Wohin er denkt, so muss ich fort und
Folge dem Sicheren auf der Irrbahn.

Wohin? wohin? ich höre dich da und dort,
Du Herrlicher! und rings um die Erde tönts.
Wo endest du? und was, was ist es
Über den Wolken und o wie wird mir?

Tag! Tag! du über stürzenden Wolken! sei
Willkommen mir! es blühet mein Auge dir.

O Jugendlicht! o Glück! das alte
Wieder! doch geistiger rinnst du nieder,

Du goldner Quell aus heiligem Kelch! und du,
Du grüner Boden, friedliche Wieg! und du,
Haus meiner Väter! und ihr Lieben,
Die mir begegneten einst, o nahet,

O kommt, dass euer, euer die Freude sei,
Ihr alle, dass euch segne der Sehende!
O nehmt, dass ichs ertrage, mir das
Leben, das Göttliche mir vom Herzen.

Dichtermut

(Zweite Fassung)

Sind denn dir nicht verwandt alle Lebendigen,
Nährt die Parze denn nicht selber im Dienste dich?
Drum, so wandle nur wehrlos
Fort durchs Leben, und fürchte nichts!

Was geschiehet, es sei alles gesegnet dir,
Sei zur Freude gewandt! oder was könnte denn
Dich beleidigen, Herz! was
Da begegnen, wohin du sollst?

Denn, seitdem der Gesang sterblichen Lippen sich
Friedenatmend entwand, frommend in Leid und Glück
Unsre Weise der Menschen
Herz erfreute, so waren auch

Wir, die Sänger des Volks, gerne bei Lebenden,
Wo sich vieles gesellt, freudig und jedem hold,
Jedem offen; so ist ja
Unser Ahne, der Sonnengott,

Der den fröhlichen Tag Armen und Reichen gönnt,
Der in flüchtiger Zeit uns, die Vergänglichen,
Aufgerichtet an goldnen
Gängelbanden, wie Kinder, hält.

Ihn erwartet, auch ihn nimmt, wo die Stunde kömmt,
Seine purpurne Flut; sieh! und das edle Licht
Gehet, kundig des Wandels,
Gleichgesinnet hinab den Pfad.

So vergehe denn auch, wenn es die Zeit einst ist
Und dem Geiste sein Recht nirgend gebricht, so sterb
Einst im Ernste des Lebens
Unsre Freude, doch schönen Tod!

Der gefesselte Strom

Was schläfst und träumst du, Jüngling, gehüllt in dich,
Und säumst am kalten Ufer, Geduldiger,
Und achtest nicht des Ursprungs, du, des
Ozeans Sohn, des Titanenfreundes!

Die Liebesboten, welche der Vater schickt,
Kennst du die lebenatmenden Lüfte nicht?
Und trifft das Wort dich nicht, das hell von
Oben der wachende Gott dir sendet?

Schon tönt, schon tönt es ihm in der Brust, es quillt,
Wie, da er noch im Schoße der Felsen spielt',
Ihm auf, und nun gedenkt er seiner
Kraft, der Gewaltige, nun, nun eilt er,

Der Zauderer, er spottet der Fesseln nun,
Und nimmt und bricht und wirft die Zerbrochenen
Im Zorne, spielend, da und dort zum
Schallenden Ufer und an der Stimme

Des Göttersohns erwachen die Berge rings,
Es regen sich die Wälder, es hört die Kluft
Den Herold fern und schaudernd regt im
Busen der Erde sich Freude wieder.

Der Frühling kommt; es dämmert das neue Grün;
Er aber wandelt hin zu Unsterblichen;
Denn nirgend darf er bleiben, als wo

Ihn in die Arme der Vater aufnimmt.

Menons Klagen um Diotima

1

Täglich geh ich heraus, und such ein Anderes immer,
    Habe längst sie befragt, alle die Pfade des Lands;
Droben die kühlenden Höhn, die Schatten alle besuch ich,
    Und die Quellen; hinauf irret der Geist und hinab,
Ruh erbittend; so flieht das getroffene Wild in die Wälder,
    Wo es um Mittag sonst sicher im Dunkel geruht;
Aber nimmer erquickt sein grünes Lager das Herz ihm,
    Jammernd und schlummerlos treibt es der Stachel umher.
Nicht die Wärme des Lichts, und nicht die Kühle der Nacht hilft,
    Und in Wogen des Stroms taucht es die Wunden umsonst.
Und wie ihm vergebens die Erd ihr fröhliches Heilkraut
    Reicht, und das gärende Blut keiner der Zephyre stillt,
So, ihr Lieben! auch mir, so will es scheinen, und niemand
    Kann von der Stirne mir nehmen den traurigen Traum?

2

Ja! es frommet auch nicht, ihr Todesgötter! wenn einmal
    Ihr ihn haltet, und fest habt den bezwungenen Mann,
Wenn ihr Bösen hinab in die schaurige Nacht ihn genommen,
    Dann zu suchen, zu flehn, oder zu zürnen mit euch,
Oder geduldig auch wohl im furchtsamen Banne zu wohnen,
    Und mit Lächeln von euch hören das nüchterne Lied.
Soll es sein, so vergiss dein Heil, und schlummere klanglos!
    Aber doch quillt ein Laut hoffend im Busen dir auf,
Immer kannst du noch nicht, o meine Seele! noch kannst dus
    Nicht gewohnen, und träumst mitten im eisernen Schlaf!
Festzeit hab ich nicht, doch möcht ich die Locke bekränzen;
    Bin ich allein denn nicht? aber ein Freundliches muss
Fernher nahe mir sein, und lächeln muss ich und staunen,
    Wie so selig doch auch mitten im Leide mir ist.

3

Licht der Liebe! scheinest du denn auch Toten, du goldnes!

Bilder aus hellerer Zeit, leuchtet ihr mir in die Nacht?
Liebliche Gärten seid, ihr abendrötlichen Berge,
Seid willkommen und ihr, schweigende Pfade des Hains,
Zeugen himmlischen Glücks, und ihr, hochschauende Sterne,
Die mir damals so oft segnende Blicke gegönnt!
Euch, ihr Liebenden auch, ihr schönen Kinder des Maitags,
Stille Rosen und euch, Lilien, nenn ich noch oft!
Wohl gehn Frühlinge fort, ein Jahr verdränget das andre,
Wechselnd und streitend, so tost droben vorüber die Zeit
Über sterblichem Haupt, doch nicht vor seligen Augen,
Und den Liebenden ist anderes Leben geschenkt.
Denn sie alle, die Tag und Jahre der Sterne, sie waren
Diotima! um uns innig und ewig vereint;

4

Aber wir, zufrieden gesellt, wie die liebenden Schwäne,
Wenn sie ruhen am See, oder, auf Wellen gewiegt,
Niedersehn in die Wasser, wo silberne Wolken sich spiegeln,
Und ätherisches Blau unter den Schiffenden wallt,
So auf Erden wandelten wir. Und drohte der Nord auch,
Er, der Liebenden Feind, klagenbereitend, und fiel
Von den Ästen das Laub, und flog im Winde der Regen,
Ruhig lächelten wir, fühlten den eigenen Gott
Unter trautem Gespräch; in Einem Seelengesange,
Ganz in Frieden mit uns kindlich und freudig allein.
Aber das Haus ist öde mir nun, und sie haben mein Auge
Mir genommen, auch mich hab ich verloren mit ihr.
Darum irr ich umher, und wohl, wie die Schatten, so muss ich
Leben, und sinnlos dünkt lange das Übrige mir.

5

Feiern möcht ich; aber wofür? und singen mit Andern,
Aber so einsam fehlt jegliches Göttliche mir.
Dies ists, dies mein Gebrechen, ich weiß, es lähmet ein Fluch mir
Darum die Sehnen, und wirft, wo ich beginne, mich hin,
Dass ich fühllos sitze den Tag, und stumm wie die Kinder,
Nur vom Auge mir kalt öfters die Träne noch schleicht,
Und die Pflanze des Felds, und der Vögel Singen mich trüb macht,
Weil mit Freuden auch sie Boten des Himmlischen sind,

Aber mir in schaudernder Brust die beseelende Sonne,
Kühl und fruchtlos mir dämmert, wie Strahlen der Nacht,
Ach! und nichtig und leer, wie Gefängniswände, der Himmel
Eine beugende Last über dem Haupte mir hängt!

6

Sonst mir anders bekannt! o Jugend, und bringen Gebete
Dich nicht wieder, dich nie? führet kein Pfad mich zurück?
Soll es werden auch mir, wie den Götterlosen, die vormals
Glänzenden Auges doch auch saßen an seligem Tisch,
Aber übersättiget bald, die schwärmenden Gäste,
Nun verstummet, und nun, unter der Lüfte Gesang,
Unter blühender Erd entschlafen sind, bis dereinst sie
Eines Wunders Gewalt, sie, die Versunkenen, zwingt,
Wiederzukehren, und neu auf grünendem Boden zu wandeln. –
Heiliger Odem durchströmt göttlich die lichte Gestalt,
Wenn das Fest sich beseelt, und Fluten der Liebe sich regen,
Und vom Himmel getränkt, rauscht der lebendige Strom,
Wenn es drunten ertönt, und ihre Schätze die Nacht zollt,
Und aus Bächen herauf glänzt das begrabene Gold. –

7

Aber o du, die schon am Scheidewege mir damals,
Da ich versank vor dir, tröstend ein Schöneres wies,
Du, die Großes zu sehn, und froher die Götter zu singen,
Schweigend, wie sie, mich einst stille begeisternd gelehrt;
Götterkind! erscheinest du mir, und grüßest, wie einst, mich,
Redest wieder, wie einst, höhere Dinge mir zu?
Siehe! weinen vor dir, und klagen muss ich, wenn schon noch.
Denkend edlerer Zeit, dessen die Seele sich schämt.
Denn so lange, so lang auf matten Pfaden der Erde
Hab ich, deiner gewohnt, dich in der Irre gesucht,
Freudiger Schutzgeist! aber umsonst, und Jahre zerrannen,
Seit wir ahnend um uns glänzen die Abende sahn.

8

Dich nur, dich erhält dein Licht, o Heldin! im Lichte,
Und dein Dulden erhält liebend, o Gütige, dich;
Und nicht einmal bist du allein; Gespielen genug sind,

Wo du blühest und ruhst unter den Rosen des Jahrs;
Und der Vater, er selbst, durch sanftumatmende Musen
Sendet die zärtlichen Wiegengesänge dir zu.
Ja! noch ist sie es ganz! noch schwebt vom Haupte zur Sohle,
Stillherwandelnd, wie sonst, mir die Athenerin vor.
Und wie, freundlicher Geist! von heitersinnender Stirne
Segnend und sicher dein Strahl unter die Sterblichen fällt,
So bezeugest du mirs, und sagst mirs, dass ich es andern
Wiedersage, denn auch andere glauben es nicht,
Dass unsterblicher doch, denn Sorg und Zürnen, die Freude
Und ein goldener Tag täglich am Ende noch ist.

9

So will ich, ihr Himmlischen! denn auch danken, und endlich
Atmet aus leichter Brust wieder des Sängers Gebet.
Und wie, wenn ich mit ihr, auf sonniger Höhe mit ihr stand,
Spricht belebend ein Gott innen vom Tempel mich an.
Leben will ich denn auch! schon grünts! wie von heiliger Leier
Ruft es von silbernen Bergen Apollons voran!
Komm! es war wie ein Traum! Die blutenden Fittiche sind ja
Schon genesen, verjüngt leben die Hoffnungen all.
Großes zu finden, ist viel, ist viel noch übrig, und wer so
Liebte, gehet, er muss, gehet zu Göttern die Bahn.
Und geleitet ihr uns, ihr Weihestunden! ihr ernsten,
Jugendlichen! o bleibt, heilige Ahnungen, ihr
Fromme Bitten! und ihr Begeisterungen und all ihr
Guten Genien, die gerne bei Liebenden sind;
Bleibt so lange mit uns, bis wir auf gemeinsamem Boden
Dort, wo die Seligen all niederzukehren bereit,
Dort, wo die Adler sind, die Gestirne, die Boten des Vaters,
Dort, wo die Musen, woher Helden und Liebende sind,
Dort uns, oder auch hier, auf tauender Insel begegnen,
Wo die Unsrigen erst, blühend in Gärten gesellt,
Wo die Gesänge wahr, und länger die Frühlinge schön sind,
Und von neuem ein Jahr unserer Seele beginnt.

Der Archipelagus

Kehren die Kraniche wieder zu dir, und suchen zu deinen
Ufern wieder die Schiffe den Lauf? umatmen erwünschte
Lüfte dir die beruhigte Flut, und sonnet der Delphin,
Aus der Tiefe gelockt, am neuen Lichte den Rücken?
Blüht Ionien? ists die Zeit? denn immer im Frühling,
Wenn den Lebenden sich das Herz erneut und die erste
Liebe den Menschen erwacht und goldner Zeiten Erinnrung,
Komm ich zu dir und grüß in deiner Stille dich, Alter!

Immer, Gewaltiger! lebst du noch und ruhest im Schatten
Deiner Berge, wie sonst; mit Jünglingsarmen umfängst du
Noch dein liebliches Land, und deiner Töchter, o Vater!
Deiner Inseln ist noch, der blühenden, keine verloren.
Kreta steht und Salamis grünt, umdämmert von Lorbeern,
Rings von Strahlen umblüht, erhebt zur Stunde des Aufgangs
Delos ihr begeistertes Haupt, und Tenos und Chios
Haben der purpurnen Früchte genug, von trunkenen Hügeln
Quillt der Cypriertrank, und von Kalauria fallen
Silberne Bäche, wie einst, in die alten Wasser des Vaters.
Alle leben sie noch, die Heroenmütter, die Inseln,
Blühend von Jahr zu Jahr, und wenn zu Zeiten, vom Abgrund
Losgelassen, die Flamme der Nacht, das untre Gewitter,
Eine der holden ergriff, und die Sterbende dir in den Schoß sank,
Göttlicher! du, du dauertest aus, denn über den dunkeln
Tiefen ist manches schon dir auf und untergegangen.

Auch die Himmlischen, sie, die Kräfte der Höhe, die stillen,
Die den heiteren Tag und süßen Schlummer und Ahnung
Fernher bringen über das Haupt der fühlenden Menschen
Aus der Fülle der Macht, auch sie, die alten Gespielen,
Wohnen, wie einst, mit dir, und oft am dämmernden Abend,
Wenn von Asiens Bergen herein das heilige Mondlicht
Kömmt und die Sterne sich in deiner Woge begegnen,
Leuchtest du von himmlischem Glanz, und so, wie sie wandeln,
Wechseln die Wasser dir, es tönt die Weise der Brüder
Droben, ihr Nachtgesang, im liebenden Busen dir wieder.
Wenn die allverklärende dann, die Sonne des Tages,
Sie, des Orients Kind, die Wundertätige, da ist,

Dann die Lebenden all im goldenen Traume beginnen,
Den die Dichtende stets des Morgens ihnen bereitet,
Dir, dem trauernden Gott, dir sendet sie froheren Zauber,
Und ihr eigen freundliches Licht ist selber so schön nicht
Denn das Liebeszeichen, der Kranz, den immer, wie vormals,
Deiner gedenk, doch sie um die graue Locke dir windet.
Und umfängt der Äther dich nicht, und kehren die Wolken,
Deine Boten, von ihm mit dem Göttergeschenke, dem Strahle
Aus der Höhe dir nicht? dann sendest du über das Land sie,
Dass am heißen Gestad die gewittertrunkenen Wälder
Rauschen und wogen mit dir, dass bald, dem wandernden Sohn gleich,
Wenn der Vater ihn ruft, mit den tausend Bächen Mäander
Seinen Irren enteilt und aus der Ebne Kayster
Dir entgegenfrohlockt, und der Erstgeborne, der Alte,
Der zu lange sich barg, dein majestätischer Nil jetzt
Hochherschreitend aus fernem Gebirg, wie im Klange der Waffen,
Siegreich kömmt, und die offenen Arme der Sehnende reichet.

Dennoch einsam dünkest du dir; in schweigender Nacht hört
Deine Weheklage der Fels, und öfters entflieht dir
Zürnend von Sterblichen weg die geflügelte Woge zum Himmel.
Denn es leben mit dir die edlen Lieblinge nimmer,
Die dich geehrt, die einst mit den schönen Tempeln und Städten
Deine Gestade bekränzt, und immer suchen und missen,
Immer bedürfen ja, wie Heroen den Kranz, die geweihten
Elemente zum Ruhme das Herz der fühlenden Menschen.

Sage, wo ist Athen? ist über den Urnen der Meister
Deine Stadt, die geliebteste dir, an den heiligen Ufern,
Trauernder Gott! dir ganz in Asche zusammengesunken,
Oder ist noch ein Zeichen von ihr, dass etwa der Schiffer,
Wenn er vorüberkommt, sie nenn und ihrer gedenke?
Stiegen dort die Säulen empor und leuchteten dort nicht
Sonst vom Dache der Burg herab die Göttergestalten?
Rauschte dort die Stimme des Volks, die stürmischbewegte,
Aus der Agora nicht her, und eilten aus freudigen Pforten
Dort die Gassen dir nicht zu gesegnetem Hafen herunter?
Siehe! da löste sein Schiff der fernhinsinnende Kaufmann,
Froh, denn es wehet' auch ihm die beflügelnde Luft und die Götter
Liebten so, wie den Dichter, auch ihn, dieweil er die guten

Gaben der Erd ausglich und Fernes Nahem vereinte.
Fern nach Cypros ziehet er hin und ferne nach Tyros,
Strebt nach Kolchis hinauf und hinab zum alten Aegyptos,
Dass er Purpur und Wein und Korn und Vliese gewinne
Für die eigene Stadt, und öfters über des kühnen
Herkules Säulen hinaus, zu neuen seligen Inseln
Tragen die Hoffnungen ihn und des Schiffes Flügel, indessen
Anders bewegt, am Gestade der Stadt ein einsamer Jüngling
Weilt und die Woge belauscht, und Großes ahndet der Ernste,
Wenn er zu Füßen so des erderschütternden Meisters
Lauschet und sitzt, und nicht umsonst erzog ihn der Meergott.

Denn des Genius Feind, der vielgebietende Perse,
Jahrlang zählt' er sie schon, der Waffen Menge, der Knechte,
Spottend des griechischen Lands und seiner wenigen Inseln,
Und sie deuchten dem Herrscher ein Spiel, und noch, wie ein Traum, war
Ihm das innige Volk, vom Göttergeiste gerüstet.
Leicht aus spricht er das Wort und schnell, wie der flammende Bergquell,
Wenn er, furchtbar umher vom gärenden Ätna gegossen,
Städte begräbt in der purpurnen Flut und blühende Gärten,
Bis der brennende Strom im heiligen Meere sich kühlet,
So mit dem Könige nun, versengend, städteverwüstend,
Stürzt von Ekbatana daher sein prächtig Getümmel;
Weh! und Athene, die herrliche, fällt; wohl schauen und ringen
Vom Gebirg, wo das Wild ihr Geschrei hört, fliehende Greise
Nach den Wohnungen dort zurück und den rauchenden Tempeln;
Aber es weckt der Söhne Gebet die heilige Asche
Nun nicht mehr, im Tal ist der Tod, und die Wolke des Brandes
Schwindet am Himmel dahin, und weiter im Lande zu ernten,
Zieht, vom Frevel erhitzt, mit der Beute der Perse vorüber.

Aber an Salamis Ufern, o Tag an Salamis Ufern!
Harrend des Endes stehn die Athenerinnen, die Jungfraun,
Stehn die Mütter, wiegend im Arm das gerettete Söhnlein,
Aber den Horchenden schallt von Tiefen die Stimme des Meergotts
Heilweissagend herauf, es schauen die Götter des Himmels
Wägend und richtend herab, denn dort an den bebenden Ufern
Wankt seit Tagesbeginn, wie langsamwandelnd Gewitter,
Dort auf schäumenden Wassern die Schlacht, und es glühet der Mittag,
Unbemerkt im Zorn, schon über dem Haupte den Kämpfern.

Aber die Männer des Volks, die Heroenenkel, sie walten
Helleren Auges jetzt, die Götterlieblinge denken
Des beschiedenen Glücks, es zähmen die Kinder Athenes
Ihren Genius, ihn, den todverachtenden, jetzt nicht.
Denn wie aus rauchendem Blut das Wild der Wüste noch einmal
Sich zuletzt verwandelt erhebt, der edleren Kraft gleich,
Und den Jäger erschreckt, kehrt jetzt im Glanze der Waffen,
Bei der Herrscher Gebot, furchtbargesammelt den Wilden,
Mitten im Untergang, die ermattete Seele noch einmal.
Und entbrannter beginnts; wie Paare ringender Männer
Fassen die Schiffe sich an, in die Woge taumelt das Steuer,
Unter den Streitern bricht der Boden, und Schiffer und Schiff sinkt.

Aber in schwindelnden Traum vom Liede des Tages gesungen,
Rollt der König den Blick; irrlächelnd über den Ausgang
Droht er, und fleht, und frohlockt, und sendet, wie Blitze, die Boten.
Doch er sendet umsonst, es kehret keiner ihm wieder.
Blutige Boten, Erschlagne des Heers, und berstende Schiffe,
Wirft die Rächerin ihm zahllos, die donnernde Woge,
Vor den Thron, wo er sitzt am bebenden Ufer, der Arme,
Schauend die Flucht, und fort in die fliehende Menge gerissen,
Eilt er, ihn treibt der Gott, es treibt sein irrend Geschwader
Über die Fluten der Gott, der spottend sein eitel Geschmeid ihm
Endlich zerschlug und den Schwachen erreicht' in der drohenden Rüstung.

Aber liebend zurück zum einsamharrenden Strome
Kommt der Athener Volk und von den Bergen der Heimat
Wogen, freudig gemischt, die glänzenden Scharen herunter
Ins verlassene Tal, ach! gleich der gealterten Mutter,
Wenn nach Jahren das Kind, das verlorengeachtete, wieder
Lebend ihr an die Brüste kehrt, ein erwachsener Jüngling,
Aber im Gram ist ihr die Seele gewelkt und die Freude
Kommt der hoffnungsmüden zu spät und mühsam vernimmt sie,
Was der liebende Sohn in seinem Danke geredet:
So erscheint den Kommenden dort der Boden der Heimat.
Denn es fragen umsonst nach ihren Hainen die Frommen,
Und die Sieger empfängt die freundliche Pforte nicht wieder,
Wie den Wanderer sonst sie empfing, wenn er froh von den Inseln
Wiederkehrt' und die selige Burg der Mutter Athene
Über sehnendem Haupt ihm fernherglänzend heraufging.

Aber wohl sind ihnen bekannt die verödeten Gassen
Und die trauernden Gärten umher und auf der Agora,
Wo des Portikus Säulen gestürzt und die göttlichen Bilder
Liegen, da reicht in der Seele bewegt, und der Treue sich freuend,
Jetzt das liebende Volk zum Bunde die Hände sich wieder.
Bald auch suchet und sieht den Ort des eigenen Hauses
Unter dem Schutt der Mann; ihm weint am Halse, der trauten
Schlummerstätte gedenk, sein Weib, es fragen die Kindlein
Nach dem Tische, wo sonst in lieblicher Reihe sie saßen,
Von den Vätern gesehn, den lächelnden Göttern des Hauses.
Aber Gezelte bauet das Volk, es schließen die alten
Nachbarn wieder sich an, und nach des Herzens Gewohnheit
Ordnen die luftigen Wohnungen sich umher an den Hügeln.
So indessen wohnen sie nun, wie die Freien, die Alten,
Die, der Stärke gewiss und dem kommenden Tage vertrauend,
Wandernden Vögeln gleich, mit Gesange von Berge zu Berg einst
Zogen, die Fürsten des Forsts und des weitumirrenden Stromes.
Doch umfängt noch, wie sonst, die Muttererde, die treue,
Wieder ihr edel Volk, und unter heiligem Himmel
Ruhen sie sanft, wenn milde, wie sonst, die Lüfte der Jugend
Um die Schlafenden wehn, und aus Platanen Ilissus
Ihnen herüberrauscht, und neue Tage verkündend,
Lockend zu neuen Taten, bei Nacht die Woge des Meergotts
Fernher tönt und fröhliche Träume den Lieblingen sendet.
Schon auch sprossen und blühn die Blumen mählich, die goldnen,
Auf zertretenem Feld, von frommen Händen gewartet,
Grünet der Ölbaum auf, und auf Kolonos Gefilden
Nähren friedlich, wie sonst, die Athenischen Rosse sich wieder.

Aber der Muttererd und dem Gott der Woge zu Ehren
Blühet die Stadt jetzt auf, ein herrlich Gebild, dem Gestirn gleich
Sichergegründet, des Genius Werk, denn Fesseln der Liebe
Schafft er gerne sich so, so hält in großen Gestalten,
Die er selbst sich erbaut, der immerrege sich bleibend.
Sieh! und dem Schaffenden dienet der Wald, ihm reicht mit den andern
Bergen nahe zur Hand der Pentele Marmor und Erze,
Aber lebend, wie er, und froh und herrlich entquillt es
Seinen Händen, und leicht, wie der Sonne, gedeiht das Geschäft ihm.
Brunnen steigen empor und über die Hügel in reinen
Bahnen gelenkt, ereilt der Quell das glänzende Becken;

Und umher an ihnen erglänzt, gleich festlichen Helden
Am gemeinsamen Kelch, die Reihe der Wohnungen, hoch ragt
Der Prytanen Gemach, es stehn Gymnasien offen,
Göttertempel entstehn, ein heiligkühner Gedanke
Steigt, Unsterblichen nah, das Olympion auf in den Äther
Aus dem seligen Hain; noch manche der himmlischen Hallen!
Mutter Athene, dir auch, dir wuchs dein herrlicher Hügel
Stolzer aus der Trauer empor und blühte noch lange,
Gott der Wogen und dir, und deine Lieblinge sangen
Frohversammelt noch oft am Vorgebirge den Dank dir.

O die Kinder des Glücks, die frommen! wandeln sie fern nun
Bei den Vätern daheim, und der Schicksalstage vergessen,
Drüben am Lethestrom, und bringt kein Sehnen sie wieder?
Sieht mein Auge sie nie? ach! findet über den tausend
Pfaden der grünenden Erd, ihr göttergleichen Gestalten!
Euch das Suchende nie, und vernahm ich darum die Sprache,
Darum die Sage von euch, dass immertrauernd die Seele
Vor der Zeit mir hinab zu euern Schatten entfliehe?
Aber näher zu euch, wo eure Haine noch wachsen,
Wo sein einsames Haupt in Wolken der heilige Berg hüllt,
Zum Parnassos will ich, und wenn im Dunkel der Eiche
Schimmernd, mir Irrenden dort Kastalias Quelle begegnet,
Will ich, mit Tränen gemischt, aus blütenumdufteter Schale
Dort, auf keimendes Grün, das Wasser gießen, damit doch,
O ihr Schlafenden all! ein Totenopfer euch werde.
Dort im schweigenden Tal, an Tempes hangenden Felsen,
Will ich wohnen mit euch, dort oft, ihr herrlichen Namen!
Her euch rufen bei Nacht, und wenn ihr zürnend erscheinet,
Weil der Pflug die Gräber entweiht, mit der Stimme des Herzens
Will ich, mit frommem Gesang euch sühnen, heilige Schatten!
Bis zu leben mit euch, sich ganz die Seele gewöhnet.
Fragen wird der Geweihtere dann euch manches, ihr Toten!
Euch, ihr Lebenden auch, ihr hohen Kräfte des Himmels,
Wenn ihr über dem Schutt mit euren Jahren vorbeigeht,
Ihr in der sicheren Bahn! denn oft ergreifet das Irrsal
Unter den Sternen mir, wie schaurige Lüfte, den Busen,
Dass ich spähe nach Rat, und lang schon reden sie nimmer
Trost den Bedürftigen zu, die prophetischen Haine Dodonas,
Stumm ist der delphische Gott, und einsam liegen und öde

Längst die Pfade, wo einst, von Hoffnungen leise geleitet,
Fragend der Mann zur Stadt des redlichen Sehers heraufstieg.
Aber droben das Licht, es spricht noch heute zu Menschen,
Schöner Deutungen voll und des großen Donnerers Stimme
Ruft es: »Denket ihr mein?« und die trauernde Woge des Meergotts
Hallt es wider: »Gedenkt ihr nimmer meiner, wie vormals?«
Denn es ruhn die Himmlischen gern am fühlenden Herzen;
Immer, wie sonst, geleiten sie noch, die begeisternden Kräfte,
Gerne den strebenden Mann und über Bergen der Heimat
Ruht und waltet und lebt allgegenwärtig der Äther,
Dass ein liebendes Volk in des Vaters Armen gesammelt,
Menschlich freudig, wie sonst, und Ein Geist allen gemein sei.
Aber weh! es wandelt in Nacht, es wohnt, wie im Orkus,
Ohne Göttliches unser Geschlecht. Ans eigene Treiben
Sind sie geschmiedet allein, und sich in der tosenden Werkstatt
Höret jeglicher nur und viel arbeiten die Wilden
Mit gewaltigem Arm, rastlos, doch immer und immer
Unfruchtbar, wie die Furien, bleibt die Mühe der Armen.
Bis, erwacht vom ängstigen Traum, die Seele den Menschen
Aufgeht, jugendlich froh, und der Liebe segnender Odem
Wieder, wie vormals oft, bei Hellas blühenden Kindern,
Wehet in neuer Zeit und über freierer Stirne
Uns der Geist der Natur, der fernherwandelnde, wieder
Stilleweilend der Gott in goldnen Wolken erscheinet.
Ach! und säumest du noch? und jene, die Göttlichgebornen,
Wohnen immer, o Tag! noch als in Tiefen der Erde
Einsam unten, indes ein immerlebender Frühling
Unbesungen über dem Haupt den Schlafenden dämmert?
Aber länger nicht mehr! schon hör ich ferne des Festtags
Chorgesang auf grünem Gebirg und das Echo der Haine,
Wo der Jünglinge Brust sich hebt, wo die Seele des Volks sich
Stillvereint im freieren Lied, zur Ehre des Gottes,
Dem die Höhe gebührt, doch auch die Tale sind heilig;
Denn, wo fröhlich der Strom in wachsender Jugend hinauseilt,
Unter Blumen des Lands, und wo auf sonnigen Ebnen
Edles Korn und der Obstwald reift, da kränzen am Feste
Gerne die Frommen sich auch, und auf dem Hügel der Stadt glänzt,
Menschlicher Wohnung gleich, die himmlische Halle der Freude.
Denn voll göttlichen Sinns ist alles Leben geworden,
Und vollendend, wie sonst, erscheinst du wieder den Kindern

Überall, o Natur! und, wie vom Quellengebirg, rinnt
Segen von da und dort in die keimende Seele dem Volke.
Dann, dann, o ihr Freuden Athens! ihr Taten in Sparta!
Köstliche Frühlingszeit im Griechenlande! wenn unser
Herbst kömmt, wenn ihr gereift, ihr Geister alle der Vorwelt!
Wiederkehret und siehe! des Jahrs Vollendung ist nahe!
Dann erhalte das Fest auch euch, vergangene Tage!
Hin nach Hellas schaue das Volk, und weinend und dankend
Sänftige sich in Erinnerungen der stolze Triumphtag!

Aber blühet indes, bis unsre Früchte beginnen,
Blüht, ihr Gärten Ioniens! nur, und die an Athens Schutt
Grünen, ihr Holden! verbergt dem schauenden Tage die Trauer!
Kränzt mit ewigem Laub, ihr Lorbeerwälder! die Hügel
Eurer Toten umher, bei Marathon dort, wo die Knaben
Siegend starben, ach! dort auf Chäroneas Gefilden,
Wo mit den Waffen ins Blut die letzten Athener enteilten,
Fliehend vor dem Tage der Schmach, dort, dort von den Bergen
Klagt ins Schlachttal täglich herab, dort singet von Oetas
Gipfeln das Schicksalslied, ihr wandelnden Wasser, herunter!
Aber du, unsterblich, wenn auch der Griechengesang schon
Dich nicht feiert, wie sonst, aus deinen Wogen, o Meergott!
Töne mir in die Seele noch oft, dass über den Wassern
Furchtlosrege der Geist, dem Schwimmer gleich, in der Starken
Frischem Glücke sich üb, und die Göttersprache, das Wechseln
Und das Werden versteh, und wenn die reißende Zeit mir
Zu gewaltig das Haupt ergreift und die Not und das Irrsal
Unter Sterblichen mir mein sterblich Leben erschüttert,
Lass der Stille mich dann in deiner Tiefe gedenken.

Der Wanderer

(Zweite Fassung)

Einsam stand ich und sah in die afrikanischen dürren
Ebnen hinaus; vom Olymp regnete Feuer herab,
Reißendes! milder kaum, wie damals, da das Gebirg hier
Spaltend mit Strahlen der Gott Höhen und Tiefen gebaut.
Aber auf denen springt kein frischaufgrünender Wald nicht
In die tönende Luft üppig und herrlich empor.

Unbekränzt ist die Stirne des Bergs und beredtsame Bäche
Kennet er kaum, es erreicht selten die Quelle das Tal.
Keiner Herde vergeht am plätschernden Brunnen der Mittag,
Freundlich aus Bäumen hervor blickte kein gastliches Dach.
Unter dem Strauche saß ein ernster Vogel gesanglos,
Aber die Wanderer flohn eilend, die Störche, vorbei.
Da bat ich um Wasser dich nicht, Natur! in der Wüste,
Wasser bewahrte mir treulich das fromme Kamel.
Um der Haine Gesang, ach! um die Gärten des Vaters
Bat ich vom wandernden Vogel der Heimat gemahnt.
Aber du sprachst zu mir: Auch hier sind Götter und walten,
Groß ist ihr Maß, doch es misst gern mit der Spanne der Mensch.

Und es trieb die Rede mich an, noch Andres zu suchen,
Fern zum nördlichen Pol kam ich in Schiffen herauf.
Still in der Hülse von Schnee schlief da das gefesselte Leben,
Und der eiserne Schlaf harrte seit Jahren des Tags.
Denn zu lang nicht schlang um die Erde den Arm der Olymp hier,
Wie Pygmalions Arm um die Geliebte sich schlang.
Hier bewegt' er ihr nicht mit dem Sonnenblicke den Busen,
Und in Regen und Tau sprach er nicht freundlich zu ihr;
Und mich wunderte des und törig sprach ich: O Mutter
Erde, verlierst du denn immer, als Witwe, die Zeit?
Nichts zu erzeugen ist ja und nichts zu pflegen in Liebe,
Alternd im Kinde sich nicht wieder zu sehn, wie der Tod.
Aber vielleicht erwarmst du dereinst am Strahle des Himmels,
Aus dem dürftigen Schlaf schmeichelt sein Odem dich auf;
Dass, wie ein Samkorn, du die eherne Schale zersprengest,
Los sich reißt und das Licht grüßt die entbundene Welt,
All die gesammelte Kraft aufflammt in üppigem Frühling,
Rosen glühen und Wein sprudelt im kärglichen Nord.

Also sagt ich und jetzt kehr ich an den Rhein, in die Heimat,
Zärtlich, wie vormals, wenn Lüfte der Jugend mich an;
Und das strebende Herz besänftigen mir die vertrauten
Offnen Bäume, die einst mich in den Armen gewiegt,
Und das heilige Grün, der Zeuge des seligen, tiefen
Lebens der Welt, es erfrischt, wandelt zum Jüngling mich um.
Alt bin ich geworden indes, mich bleichte der Eispol,
Und im Feuer des Süds fielen die Locken mir aus.

Aber wenn einer auch am letzten der sterblichen Tage,
　　Fernher kommend und müd bis in die Seele noch jetzt
Wiedersähe dies Land, noch *einmal* müsste die Wang ihm
　　Blühn, und erloschen fast glänzte sein Auge noch auf.
Seliges Tal des Rheins! kein Hügel ist ohne den Weinstock,
　　Und mit der Traube Laub Mauer und Garten bekränzt,
Und des heiligen Tranks sind voll im Strome die Schiffe,
　　Städt und Inseln, sie sind trunken von Weinen und Obst.
Aber lächelnd und ernst ruht droben der Alte, der Taunus,
　　Und mit Eichen bekränzt neiget der Freie das Haupt.

Und jetzt kommt vom Walde der Hirsch, aus Wolken das Tagslicht,
　　Hoch in heiterer Luft siehet der Falke sich um.
Aber unten im Tal, wo die Blume sich nähret von Quellen,
　　Streckt das Dörfchen bequem über die Wiese sich aus.
Still ists hier. Fern rauscht die immer geschäftige Mühle,
　　Aber das Neigen des Tags künden die Glocken mir an.
Lieblich tönt die gehämmerte Sens und die Stimme des Landmanns,
　　Der heimkehrend dem Stier gerne die Schritte gebeut,
Lieblich der Mutter Gesang, die im Grase sitzt mit dem Söhnlein;
　　Satt vom Sehen entschliefs; aber die Wolken sind rot,
Und am glänzenden See, wo der Hain das offene Hoftor
　　Übergrünt und das Licht golden die Fenster umspielt,
Dort empfängt mich das Haus und des Gartens heimliches Dunkel,
　　Wo mit den Pflanzen mich einst liebend der Vater erzog;
Wo ich frei, wie Geflügelte, spielt auf luftigen Ästen,
　　Oder ins treue Blau blickte vom Gipfel des Hains.
Treu auch bist du von je, treu auch dem Flüchtlinge blieben,
　　Freundlich nimmst du, wie einst, Himmel der Heimat, mich auf.

Noch gedeihn die Pfirsiche mir, mich wundern die Blüten,
　　Fast, wie die Bäume, steht herrlich mit Rosen der Strauch.
Schwer ist worden indes von Früchten dunkel mein Kirschbaum,
　　Und der pflückenden Hand reichen die Zweige sich selbst.
Auch zum Walde zieht mich, wie sonst, in die freiere Laube
　　Aus dem Garten der Pfad oder hinab an den Bach,
Wo ich lag, und den Mut erfreut am Ruhme der Männer,
　　Ahnender Schiffer; und das konnten die Sagen von euch,
Dass in die Meer ich fort, in die Wüsten musst, ihr Gewaltgen!
　　Ach! indes mich umsonst Vater und Mutter gesucht.

Aber wo sind sie? du schweigst? du zögerst? Hüter des Hauses!
Hab ich gezögert doch auch! habe die Schritte gezählt,
Da ich nahet, und bin, gleich Pilgern, stille gestanden.
Aber gehe hinein, melde den Fremden, den Sohn,
Dass sich öffnen die Arm und mir ihr Segen begegne,
Dass ich geweiht und gegönnt wieder die Schwelle mir sei!
Aber ich ahn es schon, in heilige Fremde dahin sind
Nun auch sie mir, und nie kehret ihr Lieben zurück.

Vater und Mutter? und wenn noch Freunde leben, sie haben
Andres gewonnen, sie sind nimmer die Meinigen mehr.
Kommen werd ich, wie sonst, und die alten, die Namen der Liebe
Nennen, beschwören das Herz, ob es noch schlage, wie sonst,
Aber stille werden sie sein. So bindet und scheidet
Manches die Zeit. Ich dünk ihnen gestorben, sie mir.
Und so bin ich allein. Du aber, über den Wolken,
Vater des Vaterlands! mächtiger Äther! und du
Erd und Licht! ihr einigen drei, die walten und lieben,
Ewige Götter! mit euch brechen die Bande mir nie.
Ausgegangen von euch, mit euch auch bin ich gewandert,
Euch, ihr Freudigen, euch bring ich erfahrner zurück.
Darum reiche mir nun, bis oben an von des Rheines
Warmen Bergen mit Wein reiche den Becher gefüllt!
Dass ich den Göttern zuerst und das Angedenken der Helden
Trinke, der Schiffer, und dann eures, ihr Trautesten! auch,
Eltern und Freund'! und der Mühn und aller Leiden vergesse
Heut und morgen und schnell unter den Heimischen sei.

Am Quell der Donau

Denn, wie wenn hoch von der herrlichgestimmten, der Orgel
Im heiligen Saal,
Reinquillend aus den unerschöpflichen Röhren,
Das Vorspiel, weckend, des Morgens beginnt
Und weitumher, von Halle zu Halle,
Der erfrischende nun, der melodische Strom rinnt,
Bis in den kalten Schatten das Haus
Von Begeisterungen erfüllt,
Nun aber erwacht ist, nun, aufsteigend ihr,

Der Sonne des Fests, antwortet
Der Chor der Gemeinde: so kam
Das Wort aus Osten zu uns,
Und an Parnassos Felsen und am Kithäron hör ich,
O Asia, das Echo von dir und es bricht sich
Am Kapitol und jählings herab von den Alpen

Kommt eine Fremdlingin sie
Zu uns, die Erweckerin,
Die menschenbildende Stimme.
Da fasst' ein Staunen die Seele
Der Getroffenen all und Nacht
War über den Augen der Besten.
Denn vieles vermag
Und die Flut und den Fels und Feuersgewalt auch
Bezwinget mit Kunst der Mensch
Und achtet, der Hochgesinnte, das Schwert
Nicht, aber es steht
Vor Göttlichem der Starke niedergeschlagen,

Und gleichet dem Wild fast; das,
Von süßer Jugend getrieben,
Schweift rastlos über die Berg
Und fühlet die eigene Kraft
In der Mittagshitze. Wenn aber
Herabgeführt, in spielenden Lüften,
Das heilige Licht, und mit dem kühleren Strahl
Der freudige Geist kommt zu
Der seligen Erde, dann erliegt es, ungewohnt
Des Schönsten, und schlummert wachenden Schlaf,
Noch ehe Gestirn naht. So auch wir. Denn manchen erlosch
Das Augenlicht schon vor den göttlichgesendeten Gaben,

Den freundlichen, die aus Ionien uns,
Auch aus Arabia kamen, und froh ward
Der teuern Lehr und auch der holden Gesänge
Die Seele jener Entschlafenen nie,
Doch einige wachten. Und sie wandelten oft
Zufrieden unter euch, ihr Bürger schöner Städte,
Beim Kampfspiel, wo sonst unsichtbar der Heros

Geheim bei Dichtern saß, die Ringer schaut' und lächelnd
Pries, der gepriesene, die müßigernsten Kinder.
Ein unaufhörlich Lieben wars und ists.
Und wohlgeschieden, aber darum denken
Wir aneinander doch, ihr Fröhlichen am Isthmos,
Und am Cephiß und am Taygetos,
Auch eurer denken wir, ihr Tale des Kaukasos,
So alt ihr seid, ihr Paradiese dort,
Und deiner Patriarchen und deiner Propheten,

O Asia, deiner Starken, o Mutter!
Die furchtlos vor den Zeichen der Welt,
Und den Himmel auf Schultern und alles Schicksal,
Taglang auf Bergen gewurzelt,
Zuerst es verstanden,
Allein zu reden
Zu Gott. Die ruhn nun. Aber wenn ihr,
Und dies ist zu sagen,
Ihr Alten all, nicht sagtet, woher
Wir nennen dich: heiliggenötiget, nennen,
Natur! dich wir, und neu, wie dem Bad entsteigt
Dir alles Göttlichgeborne.

Zwar gehn wir fast, wie die Waisen;
Wohl ists, wie sonst, nur jene Pflege nicht wieder;
Doch Jünglinge, der Kindheit gedenk,
Im Hause sind auch diese nicht fremde.
Sie leben dreifach, eben wie auch
Die ersten Söhne des Himmels.
Und nicht umsonst ward uns
In die Seele die Treue gegeben.
Nicht uns, auch Eures bewahrt sie,
Und bei den Heiligtümern, den Waffen des Worts,
Die scheidend ihr den Ungeschickteren uns,
Ihr Schicksalssöhne, zurückgelassen,

Ihr guten Geister, da seid ihr auch,
Oftmals, wenn einen dann die heilige Wolk umschwebt,
Da staunen wir und wissens nicht zu deuten.
Ihr aber würzt mit Nektar uns den Odem

Und dann frohlocken wir oft oder es befällt uns
Ein Sinnen, wenn ihr aber einen zu sehr liebt,
Er ruht nicht, bis er euer einer geworden.
Darum, ihr Gütigen! umgebet mich leicht,
Damit ich bleiben möge, denn noch ist manches zu singen,
Jetzt aber endiget, seligweinend,
Wie eine Sage der Liebe,
Mir der Gesang, und so auch ist er
Mir, mit Erröten, Erblassen,
Von Anfang her gegangen. Doch Alles geht so.

Die Wanderung

Glückselig Suevien, meine Mutter,
Auch du, der glänzenderen, der Schwester
Lombarda drüben gleich,
Von hundert Bächen durchflossen!
Und Bäume genug, weißblühend und rötlich,
Und dunklere, wild, tiefgrünenden Laubs voll,
Und Alpengebirg der Schweiz auch überschattet
Benachbartes dich; denn nah dem Herde des Hauses
Wohnst du, und hörst, wie drinnen
Aus silbernen Opferschalen
Der Quell rauscht, ausgeschüttet
Von reinen Händen, wenn berührt

Von warmen Strahlen
Kristallenes Eis und umgestürzt
Vom leichtanregenden Lichte
Der schneeige Gipfel übergießt die Erde
Mit reinestem Wasser. Darum ist
Dir angeboren die Treue. Schwer verlässt,
Was nahe dem Ursprung wohnet, den Ort.
Und deine Kinder, die Städte,
Am weithindämmernden See,
An Neckars Weiden, am Rheine,
Sie alle meinen, es wäre
Sonst nirgend besser zu wohnen.

Ich aber will dem Kaukasos zu!
Denn sagen hört ich
Noch heut in den Lüften:
Frei sei'n, wie Schwalben, die Dichter.
Auch hat mir ohnedies
In jüngeren Tagen Eines vertraut,
Es seien vor alter Zeit
Die Eltern einst, das deutsche Geschlecht,
Still fortgezogen von Wellen der Donau,
Am Sommertage, da diese
Sich Schatten suchten, zusammen
Mit Kindern der Sonn
Am schwarzen Meere gekommen;
Und nicht umsonst sei dies
Das gastfreundliche genennet.

Denn, als sie erst sich angesehen,
Da nahten die Anderen erst; dann setzten auch
Die Unseren sich neugierig unter den Ölbaum.
Doch als sich ihre Gewande berührt,
Und keiner vernehmen konnte
Die eigene Rede des andern, wäre wohl
Entstanden ein Zwist, wenn nicht aus Zweigen herunter
Gekommen wäre die Kühlung,
Die Lächeln über das Angesicht
Der Streitenden öfters breitet, und eine Weile
Sahn still sie auf, dann reichten sie sich
Die Hände liebend einander. Und bald

Vertauschten sie Waffen und all
Die lieben Güter des Hauses,
Vertauschten das Wort auch und es wünschten
Die freundlichen Väter umsonst nichts
Beim Hochzeitjubel den Kindern.
Denn aus den heiligvermählten
Wuchs schöner, denn Alles,
Was vor und nach
Von Menschen sich nannt, ein Geschlecht auf. Wo,
Wo aber wohnt ihr, liebe Verwandten,
Dass wir das Bündnis wiederbegehn

Und der teuern Ahnen gedenken?

Dort an den Ufern, unter den Bäumen
Ionias, in Ebenen des Kaysters,
Wo Kraniche, des Äthers froh,
Umschlossen sind von fernhindämmernden Bergen,
Dort wart auch ihr, ihr Schönsten! oder pflegtet
Der Inseln, die mit Wein bekränzt,
Voll tönten von Gesang; noch andere wohnten
Am Tayget, am vielgepriesnen Hymettos,
Die blühten zuletzt; doch von
Parnassos Quell bis zu des Tmolos
Goldglänzenden Bächen erklang
Ein ewiges Lied; so rauschten
Damals die Wälder und all
Die Saitenspiele zusamt
Von himmlischer Milde gerühret.

O Land des Homer!
Am purpurnen Kirschbaum oder wenn
Von dir gesandt im Weinberg mir
Die jungen Pfirsiche grünen,
Und die Schwalbe fernher kommt und vieles erzählend
An meinen Wänden ihr Haus baut, in
Den Tagen des Mais, auch unter den Sternen
Gedenk ich, o Ionia, dein! doch Menschen
Ist Gegenwärtiges lieb. Drum bin ich
Gekommen, euch, ihr Inseln, zu sehn, und euch,
Ihr Mündungen der Ströme, o ihr Hallen der Thetis,
Ihr Wälder, euch, und euch, ihr Wolken des Ida!

Doch nicht zu bleiben gedenk ich.
Unfreundlich ist und schwer zu gewinnen
Die Verschlossene, der ich entkommen, die Mutter.
Von ihren Söhnen einer, der Rhein,
Mit Gewalt wollt er ans Herz ihr stürzen und schwand
Der Zurückgestoßene, niemand weiß, wohin, in die Ferne.
Doch so nicht wünscht ich gegangen zu sein,
Von ihr, und nur, euch einzuladen,
Bin ich zu euch, ihr Grazien Griechenlands,

Ihr Himmelstöchter, gegangen,
Dass, wenn die Reise zu weit nicht ist,
Zu uns ihr kommet, ihr Holden!.

Wenn milder atmen die Lüfte,
Und liebende Pfeile der Morgen
Uns Allzugeduldigen schickt,
Und leichte Gewölke blühn
Uns über den schüchternen Augen,
Dann werden wir sagen, wie kommt
Ihr, Charitinnen, zu Wilden?
Die Dienerinnen des Himmels
Sind aber wunderbar,
Wie alles Göttlichgeborne.
Zum Traume wirds ihm, will es Einer
Beschleichen und straft den, der
Ihm gleichen will mit Gewalt;
Oft überraschet es einen,
Der eben kaum es gedacht hat.

Der Rhein

An Isaak von Sinclair

Im dunkeln Efeu saß ich, an der Pforte
Des Waldes, eben, da der goldene Mittag,
Den Quell besuchend, herunterkam
Von Treppen des Alpengebirgs,
Das mir die göttlichgebaute,
Die Burg der Himmlischen heißt
Nach alter Meinung, wo aber
Geheim noch manches entschieden
Zu Menschen gelanget; von da
Vernahm ich ohne Vermuten
Ein Schicksal, denn noch kaum
War mir im warmen Schatten
Sich manches beredend, die Seele
Italia zu geschweift
Und fernhin an die Küsten Moreas.

Jetzt aber, drin im Gebirg,
Tief unter den silbernen Gipfeln
Und unter fröhlichem Grün,
Wo die Wälder schauernd zu ihm,
Und der Felsen Häupter übereinander
Hinabschaun, taglang, dort
Im kältesten Abgrund hört
Ich um Erlösung jammern
Den Jüngling, es hörten ihn, wie er tobt',
Und die Mutter Erd anklagt',
Und den Donnerer, der ihn gezeuget,
Erbarmend die Eltern, doch
Die Sterblichen flohn von dem Ort,
Denn furchtbar war, da lichtlos er
In den Fesseln sich wälzte,
Das Rasen des Halbgotts.

Die Stimme wars des edelsten der Ströme,
Des freigeborenen Rheins,
Und anderes hoffte der, als droben von den Brüdern,
Dem Tessin und dem Rhodanus,
Er schied und wandern wollt, und ungeduldig ihn
Nach Asia trieb die königliche Seele.
Doch unverständig ist
Das Wünschen vor dem Schicksal.
Die Blindesten aber
Sind Göttersöhne. Denn es kennet der Mensch
Sein Haus und dem Tier ward, wo
Es bauen solle, doch jenen ist
Der Fehl, dass sie nicht wissen wohin
In die unerfahrne Seele gegeben.

Ein Rätsel ist Reinentsprungenes. Auch
Der Gesang kaum darf es enthüllen. Denn
Wie du anfingst, wirst du bleiben,
So viel auch wirket die Not,
Und die Zucht, das meiste nämlich
Vermag die Geburt,
Und der Lichtstrahl, der
Dem Neugebornen begegnet.

Wo aber ist einer,
Um frei zu bleiben
Sein Leben lang, und des Herzens Wunsch
Allein zu erfüllen, so
Aus günstigen Höhn, wie der Rhein,
Und so aus heiligem Schoße
Glücklich geboren, wie jener?

Drum ist ein Jauchzen sein Wort.
Nicht liebt er, wie andere Kinder,
In Wickelbanden zu weinen;
Denn wo die Ufer zuerst
An die Seit ihm schleichen, die krummen,
Und durstig umwindend ihn,
Den Unbedachten, zu ziehn
Und wohl zu behüten begehren
Im eigenen Zahne, lachend
Zerreißt er die Schlangen und stürzt
Mit der Beut und wenn in der Eil
Ein Größerer ihn nicht zähmt,
Ihn wachsen lässt, wie der Blitz, muss er
Die Erde spalten, und wie Bezauberte fliehn
Die Wälder ihm nach und zusammensinkend die Berge.

Ein Gott will aber sparen den Söhnen
Das eilende Leben und lächelt,
Wenn unenthaltsam, aber gehemmt
Von heiligen Alpen, ihm
In der Tiefe, wie jener, zürnen die Ströme.
In solcher Esse wird dann
Auch alles Lautre geschmiedet,
Und schön ists, wie er drauf,
Nachdem er die Berge verlassen,
Stillwandelnd sich im deutschen Lande
Begnüget und das Sehnen stillt
Im guten Geschäfte, wenn er das Land baut,
Der Vater Rhein, und liebe Kinder nährt
In Städten, die er gegründet.

Doch nimmer, nimmer vergisst ers.

Denn eher muss die Wohnung vergehn,
Und die Satzung und zum Unbild werden
Der Tag der Menschen, ehe vergessen
Ein solcher dürfte den Ursprung
Und die reine Stimme der Jugend.
Wer war es, der zuerst
Die Liebesbande verderbt
Und Stricke von ihnen gemacht hat?
Dann haben des eigenen Rechts
Und gewiss des himmlischen Feuers
Gespottet die Trotzigen, dann erst
Die sterblichen Pfade verachtend
Verwegnes erwählt
Und den Göttern gleich zu werden getrachtet.

Es haben aber an eigner
Unsterblichkeit die Götter genug, und bedürfen
Die Himmlischen eines Dings,
So sinds Heroen und Menschen
Und Sterbliche sonst. Denn weil
Die Seligsten nichts fühlen von selbst,
Muss wohl, wenn solches zu sagen
Erlaubt ist, in der Götter Namen
Teilnehmend fühlen ein Andrer,
Den brauchen sie; jedoch ihr Gericht
Ist, dass sein eigenes Haus
Zerbreche der und das Liebste
Wie den Feind schelt und sich Vater und Kind
Begrabe unter den Trümmern,
Wenn einer, wie sie, sein will und nicht
Ungleiches dulden, der Schwärmer.

Drum wohl ihm, welcher fand
Ein wohlbeschiedenes Schicksal,
Wo noch der Wanderungen
Und süß der Leiden Erinnerung
Aufrauscht am sichern Gestade,
Dass da und dorthin gern
Er sehn mag bis an die Grenzen,
Die bei der Geburt ihm Gott

Zum Aufenthalte gezeichnet.
Dann ruht er, seligbescheiden,
Denn alles, was er gewollt,
Das Himmlische, von selber umfängt
Es unbezwungen, lächelnd
Jetzt, da er ruhet, den Kühnen.

Halbgötter denk ich jetzt
Und kennen muss ich die Teuern,
Weil oft ihr Leben so
Die sehnende Brust mir beweget.
Wem aber, wie, Rousseau, dir,
Unüberwindlich die Seele,
Die starkausdauernde, ward,
Und sicherer Sinn
Und süße Gabe zu hören,
Zu reden so, dass er aus heiliger Fülle
Wie der Weingott, törig göttlich
Und gesetzlos sie, die Sprache der Reinesten, gibt
Verständlich den Guten, aber mit Recht
Die Achtungslosen mit Blindheit schlägt,
Die entweihenden Knechte, wie nenn ich den Fremden?

Die Söhne der Erde sind, wie die Mutter,
Alliebend, so empfangen sie auch
Mühlos, die Glücklichen, Alles.
Drum überraschet es auch
Und schreckt den sterblichen Mann,
Wenn er den Himmel, den
Er mit den liebenden Armen
Sich auf die Schultern gehäuft,
Und die Last der Freude bedenket;
Dann scheint ihm oft das Beste,
Fast ganz vergessen da,
Wo der Strahl nicht brennt,
Im Schatten des Walds
Am Bielersee in frischer Grüne zu sein,
Und sorglosarm an Tönen,
Anfängern gleich, bei Nachtigallen zu lernen.

Und herrlich ists, aus heiligem Schlafe dann
Erstehen und, aus Waldes Kühle
Erwachend, abends nun
Dem milderen Licht entgegenzugehn,
Wenn, der die Berge gebaut
Und den Pfad der Ströme gezeichnet,
Nachdem er lächelnd auch
Der Menschen geschäftiges Leben,
Das odemarme, wie Segel
Mit seinen Lüften gelenkt hat,
Auch ruht und zu der Schülerin jetzt,
Der Bildner, Gutes mehr
Denn Böses findend,
Zur heutigen Erde der Tag sich neiget. –

Dann feiern das Brautfest Menschen und Götter,
Es feiern die Lebenden all,
Und ausgeglichen
Ist eine Weile das Schicksal.
Und die Flüchtlinge suchen die Herberg,
Und süßen Schlummer die Tapfern,
Die Liebenden aber
Sind, was sie waren, sie sind
Zu Hause, wo die Blume sich freuet
Unschädlicher Glut und die finsteren Bäume
Der Geist umsäuselt, aber die Unversöhnten
Sind umgewandelt und eilen
Die Hände sich ehe zu reichen,
Bevor das freundliche Licht
Hinuntergeht und die Nacht kommt.

Doch einigen eilt
Dies schnell vorüber, andere
Behalten es länger.
Die ewigen Götter sind
Voll Lebens allzeit; bis in den Tod
Kann aber ein Mensch auch
Im Gedächtnis doch das Beste behalten,
Und dann erlebt er das Höchste.
Nur hat ein jeder sein Maß.

Denn schwer ist zu tragen
Das Unglück, aber schwerer das Glück.
Ein Weiser aber vermocht es
Vom Mittag bis in die Mitternacht,
Und bis der Morgen erglänzte,
Beim Gastmahl helle zu bleiben.

Dir mag auf heißem Pfade unter Tannen oder
Im Dunkel des Eichwalds gehüllt
In Stahl, mein Sinclair! Gott erscheinen oder
In Wolken, du kennst ihn, da du kennest, jugendlich,
Des Guten Kraft, und nimmer ist dir
Verborgen das Lächeln des Herrschers
Bei Tage, wenn
Es fieberhaft und angekettet das
Lebendige scheinet oder auch
Bei Nacht, wenn alles gemischt
Ist ordnungslos und wiederkehrt
Uralte Verwirrung.

Germanien

Nicht sie, die Seligen, die erschienen sind,
Die Götterbilder in dem alten Lande,
Sie darf ich ja nicht rufen mehr, wenn aber,
Ihr heimatlichen Wasser! jetzt mit euch
Des Herzens Liebe klagt, was will es anders,
Das Heiligtrauernde? Denn voll Erwartung liegt
Das Land und als in heißen Tagen
Herabgesenkt, umschattet heut,
Ihr Sehnenden! uns ahnungsvoll ein Himmel.
Voll ist er von Verheißungen und scheint
Mir drohend auch, doch will ich bei ihm bleiben,
Und rückwärts soll die Seele mir nicht fliehn
Zu euch, Vergangene! die zu lieb mir sind.
Denn euer schönes Angesicht zu sehn,
Als wärs, wie sonst, ich fürcht es, tödlich ists,
Und kaum erlaubt, Gestorbene zu wecken.

Entflohene Götter! auch ihr, ihr gegenwärtigen, damals
Wahrhaftiger, ihr hattet eure Zeiten!
Nichts leugnen will ich hier und nichts erbitten.
Denn wenn es aus ist, und der Tag erloschen,
Wohl triffts den Priester erst, doch liebend folgt
Der Tempel und das Bild ihm auch und seine Sitte
Zum dunkeln Land und keines mag noch scheinen.
Nur als von Grabesflammen, ziehet dann
Ein goldner Rauch, die Sage, drob hinüber,
Und dämmert jetzt uns Zweifelnden um das Haupt,
Und keiner weiß, wie ihm geschieht. Er fühlt
Die Schatten derer, so gewesen sind,
Die Alten, so die Erde neubesuchen.
Denn die da kommen sollen, drängen uns,
Und länger säumt von Göttermenschen
Die heilige Schar nicht mehr im blauen Himmel.

Schon grünet ja, im Vorspiel rauerer Zeit
Für sie erzogen, das Feld, bereitet ist die Gabe
Zum Opfermahl und Tal und Ströme sind
Weitoffen um prophetische Berge,
Dass schauen mag bis in den Orient
Der Mann und ihn von dort der Wandlungen viele bewegen.
Vom Äther aber fällt
Das treue Bild und Göttersprüche regnen
Unzählbare von ihm, und es tönt im innersten Haine.
Und der Adler, der vom Indus kömmt,
Und über des Parnassos
Beschneite Gipfel fliegt, hoch über den Opferhügeln
Italias, und frohe Beute sucht
Dem Vater, nicht wie sonst, geübter im Fluge
Der Alte, jauchzend überschwingt er
Zuletzt die Alpen und sieht die vielgearteten Länder.

Die Priesterin, die stillste Tochter Gottes,
Sie, die zu gern in tiefer Einfalt schweigt,
Sie suchet er, die offnen Auges schaute,
Als wüsste sie es nicht, jüngst, da ein Sturm
Toddrohend über ihrem Haupt ertönte;
Es ahnete das Kind ein Besseres,

Und endlich ward ein Staunen weit im Himmel,
Weil Eines groß an Glauben, wie sie selbst,
Die segnende, die Macht der Höhe sei;
Drum sandten sie den Boten, der, sie schnell erkennend,
Denkt lächelnd so: Dich, unzerbrechliche, muss
Ein ander Wort erprüfen und ruft es laut,
Der Jugendliche, nach Germania schauend:
»Du bist es, auserwählt,
Alliebend und ein schweres Glück
Bist du zu tragen stark geworden,

Seit damals, da im Walde versteckt und blühendem Mohn
Voll süßen Schlummers, trunkene, meiner du
Nicht achtetest, lang, ehe noch auch geringere fühlten
Der Jungfrau Stolz und staunten, wes du wärst und woher,
Doch du es selbst nicht wusstest. Ich misskannte dich nicht,
Und heimlich, da du träumtest, ließ ich
Am Mittag scheidend dir ein Freundeszeichen,
Die Blume des Mundes zurück und du redetest einsam.
Doch Fülle der goldenen Worte sandtest du auch,
Glückselige! mit den Strömen und sie quillen unerschöpflich
In die Gegenden all. Denn fast, wie der heiligen,
Die Mutter ist von allem,
Die Verborgene sonst genannt von Menschen,
So ist von Lieben und Leiden
Und voll von Ahnungen dir
Und voll von Frieden der Busen.

O trinke Morgenlüfte,
Bis dass du offen bist,
Und nenne, was vor Augen dir ist,
Nicht länger darf Geheimnis mehr
Das Ungesprochene bleiben,
Nachdem es lange verhüllt ist;
Denn Sterblichen geziemet die Scham,
Und so zu reden die meiste Zeit,
Ist weise auch, von Göttern.
Wo aber überflüssiger, denn lautere Quellen,
Das Gold und ernst geworden ist der Zorn an dem Himmel,
Muss zwischen Tag und Nacht

Einsmals ein Wahres erscheinen.
Dreifach umschreibe du es,
Doch ungesprochen auch, wie es da ist,
Unschuldige, muss es bleiben.

O nenne, Tochter du der heiligen Erd,
Einmal die Mutter. Es rauschen die Wasser am Fels
Und Wetter im Wald und bei dem Namen derselben
Tönt auf aus alter Zeit Vergangengöttliches wieder.
Wie anders ists! und rechthin glänzt und spricht
Zukünftiges auch erfreulich aus den Fernen.
Doch in der Mitte der Zeit
Lebt ruhig mit geweihter
Jungfräulicher Erde der Äther
Und gerne, zur Erinnerung, sind,
Die unbedürftigen, sie
Gastfreundlich bei den unbedürftgen,
Bei deinen Feiertagen,
Germania, wo du Priesterin bist
Und wehrlos Rat gibst rings
Den Königen und den Völkern.«

Der Einzige

(Dritte Fassung)

Was ist es, das
An die alten seligen Küsten
Mich fesselt, dass ich mehr noch
Sie liebe, als mein Vaterland?
Denn wie in himmlischer
Gefangenschaft gebückt, dem Tag nach sprechend
Dort bin ich, wo, wie Steine sagen, Apollo ging,
In Königsgestalt,
Und zu unschuldigen Jünglingen sich
Herabließ Zeus, und Söhn in heiliger Art
Und Töchter zeugte
Stumm weilend unter den Menschen.

Der hohen Gedanken aber
Sind dennoch viele
Gekommen aus des Vaters Haupt
Und große Seelen
Von ihm zu Menschen gekommen.
Und gehöret hab ich
Von Elis und Olympia, bin
Gestanden immerdar, an Quellen, auf dem Parnass
Und über Bergen des Isthmus
Und drüben auch
Bei Smyrna und hinab
Bei Ephesos bin ich gegangen.

Viel hab ich Schönes gesehn
Und gesungen Gottes Bild
Hab ich, das lebet unter
Den Menschen. Denn sehr, dem Raum gleich, ist
Das Himmlische reichlich in
Der Jugend zählbar, aber dennoch,
Ihr alten Götter und all
Ihr tapfern Söhne der Götter,
Noch einen such ich, den
Ich liebe unter euch,
Wo ihr den letzten eures Geschlechts,
Des Hauses Kleinod mir
Dem fremden Gaste bewahret.

Mein Meister und Herr!
O du, mein Lehrer!
Was bist du ferne
Geblieben? und da
Ich sahe, mitten, unter den Geistern, den Alten
Die Helden und
Die Götter, warum bliebest
Du aus? Und jetzt ist voll
Von Trauern meine Seele
Als eifertet, ihr Himmlischen, selbst,
Dass, dien ich einem, mir
Das andere fehlet.

Ich weiß es aber, eigene Schuld
Ists, denn zu sehr,
O Christus! häng ich an dir,
Wiewohl Herakles Bruder
Und kühn bekenn ich, du
Bist Bruder auch des Eviers, der einsichtlich, vor Alters
Die verdrossene Irre gerichtet,
Der Erde Gott, und beschieden
Die Seele dem Tier, das lebend
Vom eigenen Hunger schweift' und der Erde nach ging,
Aber rechte Wege gebot er mit *einem* Mal und Orte,
Die Sachen auch bestellt er von jedem.

Es hindert aber eine Scham
Mich, dir zu vergleichen
Die weltlichen Männer. Und freilich weiß
Ich, der dich zeugte, dein Vater ist
Derselbe. Nämlich Christus ist ja auch allein
Gestanden unter sichtbarem Himmel und Gestirn, sichtbar
Freiwaltendem über das Eingesetzte, mit Erlaubnis von Gott,
Und die Sünden der Welt, die Unverständlichkeit
Der Kenntnisse nämlich, wenn Beständiges das Geschäftige überwächst
Der Menschen, und der Mut des Gestirns war ob ihm. Nämlich immer
jauchzet die Welt
Hinweg von dieser Erde, dass sie die
Entblößet; wo das Menschliche sie nicht hält. Es bleibet aber eine Spur
Doch eines Wortes; die ein Mann erhaschet. Der Ort war aber

Die Wüste. So sind jene sich gleich. Voll Freuden, reichlich. Herrlich grünet
Ein Kleeblatt. Ungestalt wär, um des Geistes willen, dieses, dürfte von
solchen
Nicht sagen, gelehrt im Wissen eines schlechten Gebets, dass sie
Wie Feldherrn mir, Heroen sind. Des dürfen die Sterblichen wegen dem,
weil
Ohne Halt verstandlos Gott ist. Aber wie auf Wagen
Demütige mit Gewalt
Des Tages oder
Mit Stimmen erscheinet Gott als
Natur von außen. Mittelbar
In heiligen Schriften. Himmlische sind

Und Menschen auf Erden beieinander die ganze Zeit. Ein großer Mann und
ähnlich eine große Seele
Wenn gleich im Himmel

Begehrt zu einem auf Erden. Immerdar
Bleibt dies, dass immergekettet alltag ganz ist
Die Welt. Oft aber scheint
Ein Großer nicht zusammenzutaugen
Zu Großem. Alle Tage stehn die aber, als an einem Abgrund einer
Neben dem andern. Jene drei sind aber
Das, dass sie unter der Sonne
Wie Jäger der Jagd sind oder
Ein Ackersmann, der atmend von der Arbeit
Sein Haupt entblößet, oder Bettler. Schön
Und lieblich ist es zu vergleichen. Wohl tut
Die Erde. Zu kühlen. Immer aber …

Andenken

Der Nordost wehet,
Der liebste unter den Winden
Mir, weil er feurigen Geist
Und gute Fahrt verheißet den Schiffern.
Geh aber nun und grüße
Die schöne Garonne,
Und die Gärten von Bourdeaux
Dort, wo am scharfen Ufer
Hingehet der Steg und in den Strom
Tief fällt der Bach, darüber aber
Hinschauet ein edel Paar
Von Eichen und Silberpappeln;

Noch denket das mir wohl und wie
Die breiten Gipfel neiget
Der Ulmwald, über die Mühl,
Im Hofe aber wächset ein Feigenbaum.
An Feiertagen gehn
Die braunen Frauen daselbst
Auf seidnen Boden,

Zur Märzenzeit,
Wenn gleich ist Nacht und Tag,
Und über langsamen Stegen,
Von goldenen Träumen schwer,
Einwiegende Lüfte ziehen.

Es reiche aber,
Des dunkeln Lichtes voll,
Mir einer den duftenden Becher,
Damit ich ruhen möge; denn süß
Wär unter Schatten der Schlummer.
Nicht ist es gut,
Seellos von sterblichen
Gedanken zu sein. Doch gut
Ist ein Gespräch und zu sagen
Des Herzens Meinung, zu hören viel
Von Tagen der Lieb,
Und Taten, welche geschehen.

Wo aber sind die Freunde? Bellarmin
Mit dem Gefährten? Mancher
Trägt Scheue, an die Quelle zu gehn;
Es beginnet nämlich der Reichtum
Im Meere. Sie,
Wie Maler, bringen zusammen
Das Schöne der Erd und verschmähn
Den geflügelten Krieg nicht, und
Zu wohnen einsam, jahrlang, unter
Dem entlaubten Mast, wo nicht die Nacht durchglänzen
Die Feiertage der Stadt,
Und Saitenspiel und eingeborener Tanz nicht.

Nun aber sind zu Indiern
Die Männer gegangen,
Dort an der luftigen Spitz
An Traubenbergen, wo herab
Die Dordogne kommt,
Und zusammen mit der prächtgen
Garonne meerbreit
Ausgehet der Strom. Es nehmet aber

Und gibt Gedächtnis die See,
Und die Lieb auch heftet fleißig die Augen,
Was bleibet aber, stiften die Dichter.

Der Ister

Jetzt komme, Feuer!
Begierig sind wir,
Zu schauen den Tag,
Und wenn die Prüfung
Ist durch die Knie gegangen,
Mag einer spüren das Waldgeschrei.
Wir singen aber vom Indus her
Fernangekommen und
Vom Alpheus, lange haben
Das Schickliche wir gesucht,
Nicht ohne Schwingen mag
Zum Nächsten einer greifen
Geradezu
Und kommen auf die andere Seite.
Hier aber wollen wir bauen.
Denn Ströme machen urbar
Das Land. Wenn nämlich Kräuter wachsen
Und an denselben gehn
Im Sommer zu trinken die Tiere,
So gehn auch Menschen daran.

Man nennet aber diesen den Ister.
Schön wohnt er. Es brennet der Säulen Laub,
Und reget sich. Wild stehn
Sie aufgerichtet, untereinander; darob
Ein zweites Maß, springt vor
Von Felsen das Dach. So wundert
Mich nicht, dass er
Den Herkules zu Gaste geladen,
Fernglänzend, am Olympos drunten,
Da der, sich Schatten zu suchen
Vom heißen Isthmos kam,
Denn voll des Mutes waren

Daselbst sie, es bedarf aber, der Geister wegen,
Der Kühlung auch. Darum zog jener lieber
An die Wasserquellen hieher und gelben Ufer,
Hoch duftend oben, und schwarz
Vom Fichtenwald, wo in den Tiefen
Ein Jäger gern lustwandelt
Mittags, und Wachstum hörbar ist
An harzigen Bäumen des Isters,

Der scheinet aber fast
Rückwärts zu gehen und
Ich mein, er müsse kommen
Von Osten.
Vieles wäre
Zu sagen davon. Und warum hängt er
An den Bergen gerad? Der andre,
Der Rhein, ist seitwärts
Hinweggegangen. Umsonst nicht gehn
Im Trocknen die Ströme. Aber wie? Ein Zeichen braucht es,
Nichts anderes, schlecht und recht, damit es Sonn
Und Mond trag im Gemüt, untrennbar,
Und fortgeh, Tag und Nacht auch, und
Die Himmlischen warm sich fühlen aneinander.
Darum sind jene auch
Die Freude des Höchsten. Denn wie käm er
Herunter? Und wie Hertha grün,
Sind sie die Kinder des Himmels. Aber allzugeduldig
Scheint der mir, nicht
Freier, und fast zu spotten. Nämlich wenn

Angehen soll der Tag
In der Jugend, wo er zu wachsen
Anfängt, es treibet ein anderer da
Hoch schon die Pracht, und Füllen gleich
In den Zaum knirscht er, und weithin hören
Das Treiben die Lüfte,
Ist der zufrieden;
Es brauchet aber Stiche der Fels
Und Furchen die Erd,
Unwirtbar wär es, ohne Weile;

Was aber jener tuet, der Strom,
Weiß niemand.

Mnemosyne

(Dritte Fassung)

Reif sind, in Feuer getaucht, gekochet
Die Frücht und auf der Erde geprüfet und ein Gesetz ist,
Dass alles hineingeht, Schlangen gleich,
Prophetisch, träumend auf
Den Hügeln des Himmels. Und vieles
Wie auf den Schultern eine
Last von Scheitern ist
Zu behalten. Aber bös sind
Die Pfade. Nämlich unrecht,
Wie Rosse, gehn die gefangenen
Element und alten
Gesetze der Erd. Und immer
Ins Ungebundene gehet eine Sehnsucht. Vieles aber ist
Zu behalten. Und not die Treue.
Vorwärts aber und rückwärts wollen wir
Nicht sehn. Uns wiegen lassen, wie
Auf schwankem Kahne der See.

Wie aber Liebes? Sonnenschein
Am Boden sehen wir und trockenen Staub
Und heimatlich die Schatten der Wälder und es blühet
An Dächern der Rauch, bei alter Krone
Der Türme, friedsam; gut sind nämlich
Hat gegenredend die Seele
Ein Himmlisches verwundet, die Tageszeichen.
Denn Schnee, wie Maienblumen
Das Edelmütige, wo
Es seie, bedeutend, glänzet auf
Der grünen Wiese
Der Alpen, hälftig, da, vom Kreuze redend, das
Gesetzt ist unterwegs einmal
Gestorbenen, auf hoher Straß
Ein Wandersmann geht zornig,

Fern ahnend mit
Dem andern, aber was ist dies?

Am Feigenbaum ist mein
Achilles mir gestorben,
Und Ajax liegt
An den Grotten der See,
An Bächen, benachbart dem Skamandros.
An Schläfen Sausen einst, nach
Der unbewegten Salamis steter
Gewohnheit, in der Fremd, ist groß
Ajax gestorben,
Patroklos aber in des Königes Harnisch. Und es starben
Noch andere viel. Am Kithäron aber lag
Eleutherä, der Mnemosyne Stadt. Der auch, als
Ablegte den Mantel Gott, das Abendliche nachher löste
Die Locken. Himmlische nämlich sind
Unwillig, wenn einer nicht die Seele schonend sich
Zusammengenommen, aber er muss doch; dem
Gleich fehlet die Trauer.

Chiron

Wo bist du, Nachdenkliches! das immer muss
Zur Seite gehn, zu Zeiten, wo bist du, Licht?
Wohl ist das Herz wach, doch mir zürnt, mich
Hemmt die erstaunende Nacht nun immer

Sonst nämlich folgt ich Kräutern des Walds und lauscht
Ein weiches Wild am Hügel; und nie umsonst.
Nie täuschten, auch nicht einmal deine
Vögel; denn allzubereit fast kamst du,

So Füllen oder Garten dir labend ward,
Ratschlagend, Herzens wegen; wo bist du, Licht?
Das Herz ist wieder wach, doch herzlos
Zieht die gewaltige Nacht mich immer.

Ich wars wohl. Und von Krokus und Thymian
Und Korn gab mir die Erde den ersten Strauß.

Und bei der Sterne Kühle lernt ich,
Aber das Nennbare nur. Und bei mir

Das wilde Feld entzaubernd, das traurge, zog
Der Halbgott, Zeus Knecht, ein, der gerade Mann;
Nun sitz ich still allein, von einer
Stunde zur anderen, und Gestalten

Aus frischer Erd und Wolken der Liebe schafft,
Weil Gift ist zwischen uns, mein Gedanke nun;
Und ferne lausch ich hin, ob nicht ein
Freundlicher Retter vielleicht mir komme.

Dann hör ich oft den Wagen des Donnerers
Am Mittag, wenn er naht, der bekannteste,
Wenn ihm das Haus bebt und der Boden
Reiniget sich, und die Qual Echo wird.

Den Retter hör ich dann in der Nacht, ich hör
Ihn tötend, den Befreier, und drunten voll
Von üppgem Kraut, als in Gesichten,
Schau ich die Erd, ein gewaltig Feuer;

Die Tage aber wechseln, wenn einer dann
Zusiehet denen, lieblich und bös, ein Schmerz,
Wenn einer zweigestalt ist, und es
Kennet kein einziger nicht das Beste;

Das aber ist der Stachel des Gottes; nie
Kann einer lieben göttliches Unrecht sonst.
Einheimisch aber ist der Gott dann
Angesichts da, und die Erd ist anders.

Tag! Tag! Nun wieder atmet ihr recht; nun trinkt,
Ihr meiner Bäche Weiden! ein Augenlicht,
Und rechte Stapfen gehn, und als ein
Herrscher, mit Sporen, und bei dir selber

Örtlich, Irrstern des Tages, erscheinest du,
Du auch, o Erde, friedliche Wieg, und du,
Haus meiner Väter, die unstädtisch
Sind, in den Wolken des Wilds, gegangen.

Nimm nun ein Ross, und harnische dich und nimm
Den leichten Speer, o Knabe! Die Wahrsagung
Zerreißt nicht, und umsonst nicht wartet,
Bis sie erscheinet, Herakles Rückkehr.

An die Hoffnung

O Hoffnung! holde! gütiggeschäftige!
Die du das Haus der Trauernden nicht verschmähst,
Und gerne dienend, Edle! zwischen
Sterblichen waltest und Himmelsmächten,

Wo bist du? wenig lebt ich; doch atmet kalt
Mein Abend schon. Und stille, den Schatten gleich,
Bin ich schon hier; und schon gesanglos
Schlummert das schaudernde Herz im Busen.

Im grünen Tale, dort, wo der frische Quell
Vom Berge täglich rauscht, und die liebliche
Zeitlose mir am Herbsttag aufblüht,
Dort, in der Stille, du Holde, will ich

Dich suchen, oder wenn in der Mitternacht
Das unsichtbare Leben im Haine wallt,
Und über mir die immerfrohen
Blumen, die blühenden Sterne, glänzen,

O du des Äthers Tochter! erscheine dann
Aus deines Vaters Gärten, und darfst du nicht,
Ein Geist der Erde, kommen, schreck, o
Schrecke mit anderem nur das Herz mir.

Vulkan

Jetzt komm und hülle, freundlicher Feuergeist,
Den zarten Sinn der Frauen in Wolken ein,
In goldne Träum und schütze sie, die
Blühende Ruhe der Immerguten.

Dem Manne lass sein Sinnen, und sein Geschäft,
Und seiner Kerze Schein, und den künftgen Tag
    Gefallen, lass des Unmuts ihm, der
        Hässlichen Sorge zu viel nicht werden,

Wenn jetzt der immerzürnende Boreas,
Mein Erbfeind, über Nacht mit dem Frost das Land
    Befällt, und spät, zur Schlummerstunde,
        Spottend der Menschen, sein schrecklich Lied singt,

Und unsrer Städte Mauren und unsern Zaun,
Den fleißig wir gesetzt, und den stillen Hain
    Zerreißt, und selber im Gesang die
        Seele mir störet, der Allverderber,

Und rastlos tobend über den sanften Strom
Sein schwarz Gewölk ausschüttet, dass weit umher
    Das Tal gärt, und, wie fallend Laub, vom
        Berstenden Hügel herab der Fels fällt.

Wohl frömmer ist, denn andre Lebendige,
Der Mensch; doch zürnt es draußen, gehöret der
    Auch eigner sich, und sinnt und ruht in
        Sicherer Hütte, der Freigeborne.

Und immer wohnt der freundlichen Genien
Noch Einer gerne segnend mit ihm, und wenn
    Sie zürnten all, die ungelehrgen
        Geniuskräfte, doch liebt die Liebe.

Blödigkeit

Sind denn dir nicht bekannt viele Lebendigen?
Geht auf Wahrem dein Fuß nicht, wie auf Teppichen?
    Drum, mein Genius! tritt nur
        Bar ins Leben, und sorge nicht!

Was geschiehet, es sei alles gelegen dir!
Sei zur Freude gereimt, oder was könnte denn
        Dich beleidigen, Herz, was

Da begegnen, wohin du sollst?

Denn, seit Himmlischen gleich Menschen, ein einsam Wild,
Und die Himmlischen selbst führet, der Einkehr zu,
 Der Gesang und der Fürsten
 Chor, nach Arten, so waren auch

Wir, die Zungen des Volks, gerne bei Lebenden,
Wo sich vieles gesellt, freudig und jedem gleich,
 Jedem offen, so ist ja
 Unser Vater, des Himmels Gott,

Der den denkenden Tag Armen und Reichen gönnt,
Der, zur Wende der Zeit, uns die Entschlafenden
 Aufgerichtet an goldnen
 Gängelbanden, wie Kinder, hält.

Gut auch sind und geschickt einem zu etwas wir,
Wenn wir kommen, mit Kunst, und von den Himmlischen
 Einen bringen. Doch selber
 Bringen schickliche Hände wir.

Ganymed

Was schläfst du, Bergsohn, liegest in Unmut, schief,
Und frierst am kahlen Ufer, Gedultiger!
 Denkst nicht der Gnade du, wenns an den
 Tischen die Himmlischen sonst gedürstet?

Kennst drunten du vom Vater die Boten nicht,
Nicht in der Kluft der Lüfte geschärfter Spiel?
 Trifft nicht das Wort dich, das voll alten
 Geists ein gewanderter Mann dir sendet?

Schon tönets aber ihm in der Brust. Tief quillts,
Wie damals, als hoch oben im Fels er schlief,
 Ihm auf. Im Zorne reinigt aber
 Sich der Gefesselte nun, nun eilt er,

Der Linkische; der spottet der Schlacken nun,

Und nimmt und bricht und wirft die Zerbrochenen
Zorntrunken, spielend, dort und da zum
Schauenden Ufer und bei des Fremdlings

Besondrer Stimme stehen die Herden auf,
Es regen sich die Wälder, es hört tief Land
Den Stromgeist fern, und schaudernd regt im
Nabel der Erde der Geist sich wieder.

Der Frühling kömmt. Und jedes, in seiner Art,
Blüht. Der ist aber ferne; nicht mehr dabei.
Irr ging er nun; denn allzugut sind
Genien; himmlisch Gespräch ist sein nun.

Hälfte des Lebens

Mit gelben Birnen hänget
Und voll mit wilden Rosen
Das Land in den See,
Ihr holden Schwäne,
Und trunken von Küssen
Tunkt ihr das Haupt
Ins heilignüchterne Wasser.

Weh mir, wo nehm ich, wenn
Es Winter ist, die Blumen, und wo
Den Sonnenschein,
Und Schatten der Erde?
Die Mauern stehn
Sprachlos und kalt, im Winde
Klirren die Fahnen.

Lebensalter

Ihr Städte des Euphrats!
Ihr Gassen von Palmyra!
Ihr Säulenwälder in der Ebne der Wüste,
Was seid ihr?

Euch hat die Kronen,
Dieweil ihr über die Grenze
Der Atmenden seid gegangen,
Von Himmlischen der Rauchdampf und
Hinweg das Feuer genommen;
Jetzt aber sitz ich unter Wolken (deren
Ein jedes eine Ruh hat eigen) unter
Wohleingerichteten Eichen, auf
Der Heide des Rehs, und fremd
Erscheinen und gestorben mir
Der Seligen Geister.

Das fröhliche Leben

Wenn ich auf die Wiese komme,
Wenn ich auf dem Felde jetzt,
Bin ich noch der Zahme, Fromme,
Wie von Dornen unverletzt.
Mein Gewand in Winden wehet,
Wie der Geist mir lustig fragt,
Worin Inneres bestehet,
Bis Auflösung diesem tagt.

O vor diesem sanften Bilde,
Wo die grünen Bäume stehn,
Wie vor einer Schenke Schilde
Kann ich kaum vorübergehn.
Denn die Ruh an stillen Tagen
Dünkt entschieden trefflich mir,
Dieses musst du gar nicht fragen,
Wenn ich soll antworten dir.

Aber zu dem schönen Bache
Such ich einen Lustweg wohl,
Der, als wie in dem Gemache,
Schleicht durchs Ufer wild und hohl,
Wo der Steg darüber gehet,
Gehts den schönen Wald hinauf,
Wo der Wind den Steg umwehet,

Sieht das Auge fröhlich auf.

Droben auf des Hügels Gipfel
Sitz ich manchen Nachmittag,
Wenn der Wind umsaust die Wipfel,
Bei des Turmes Glockenschlag,
Und Betrachtung gibt dem Herzen
Frieden, wie das Bild auch ist,
Und Beruhigung den Schmerzen,
Welche reimt Verstand und List.

Holde Landschaft! wo die Straße
Mitten durch sehr eben geht,
Wo der Mond aufsteigt, der blasse,
Wenn der Abendwind entsteht,
Wo die Natur sehr einfältig,
Wo die Berg erhaben stehn,
Geh ich heim zuletzt, haushältig,
Dort nach goldnem Wein zu sehn.

Biographischer Abriss Friedrich Hölderlins

Johann Christian Friedrich Hölderlin erblickt das Licht der Welt am 20.
März 1770 als Sohn des Klosterhofmeisters Heinrich Friedrich Hölderlin
(1736-1772) und dessen Ehefrau, der Pfarrerstochter Johanna Christiana Höl-
derlin, geb. Heyn (1748-1828), in Lauffen am Neckar im Herzogtum Würt-
temberg. Im Sommer 1772 Tod des Vaters nach einem Schlaganfall. 1774
heiratet seine Mutter Johann Christoph Gok, Weinhändler, später Nürtinger
Bürgermeister; die Familie zieht nach Nürtingen. 1776 Nürtinger Latein-
schule. Im März 1779 stirbt nach einer Lungenentzündung der Stiefvater.
1784 niedere Klosterschule Denkendorf. 1786 Einzug von Hölderlins Schul-
jahrgang in die höhere Klosterschule Maulbronn. Liebe zu Luise Nast, der
Tochter des Maulbronner Klosterverwalters, mit der er sich 1788 verlobt.
Zur gleichen Zeit mit Georg Wilhelm Friedrich Hegel ins Tübinger Stift.
Freundschaft mit Christian Ludwig Neuffer (1769-1838; Dichter und Theologe)
und Rudolf Magenau (Rudolf Friedrich Heinrich Magenau, 1767-1846; evangelischer
Pfarrer, Schriftsteller, Heimatforscher). 1789 Auflösung des Verlöbnisses mit Lui-
se Nast. 1790-1793 Tübinger Hymnen. Aldermann-Bund mit Neuffer und
Magenau. Magisterexamen. Bekanntschaft mit Friedrich Wilhelm Joseph
Schelling (1775-1854; ein Hauptvertreter des Deutschen Idealismus, spekulative Natur-
philosophie), der ins Tübinger Stift eintritt. 1793 Abschlussexamen. Hölderlin
besucht Friedrich Schiller in Ludwigsburg und wird auf dessen Empfehlung
zum Hofmeister der Familie von Kalb bestellt. Konsistorialexamen und
Probepredigt in Stuttgart. 1794 Arbeit am »Hyperion«-Roman. Er sendet
das »Fragment« an Schiller, der es in seiner Zeitschrift »Neue Thalia« ver-
öffentlicht. Mit seinem Schüler Fritz von Kalb nach Jena. Bei Schiller be-
gegnet er auch Goethe, und er hört Vorlesungen Fichtes. Mit Charlotte von
Kalb und ihrem Sohn zieht er nach Weimar. Nach Beendigung des Arbeits-
verhältnisses bei von Kalb kehrt Hölderlin 1795 nach Jena zurück, befreun-
det sich mit Isaac von Sinclair (1775-1815; Diplomat und Schriftsteller; Interessenver-
treter Hessen-Homburgs und seines Landgrafen Friedrich V. von Hessen-Homburg). Dann
reist er nach Nürtingen. 1796 Hinwendung Hölderlins, unter dem Einfluss
von Friedrich Gottlieb Klopstocks (1724-1803; deutscher Hexameter, Lehre vom
Wortfuß, freie Rhythmen) Dichtung, zu antiken Versmaßen und Strophenfor-
men. Hofmeisterstelle bei Gontard in Frankfurt am Main. Liebe zu Susette
Gontard (»Diotima«), der Herrin des Hauses. Flucht vor den anrückenden
Franzosen nach Kassel; im September Rückkehr nach Frankfurt am Main.
1797 erscheint auf Vermittlung Schillers der erste Band des »Hyperion« bei
Cotta in Tübingen. Seine Elegie »Der Wanderer« wird in Schillers Zeit-

schrift *»Die Horen«* publiziert. 1798 Streit mit Gontard, Hölderlin verliert seine Hofmeisterstelle, wohnt in Homburg. Heimliche Treffen und Briefe bis Mai 1800 mit Susette Gontard. Trauerspiel *»Empedokles«* (erst 1826 in den *»Gedichten«* veröffentlicht). 1799 zweiter Band des *»Hyperion«*. 1800 Übersiedlung nach Stuttgart. Oden und Elegien. 1801 dreimonatige Hofmeisterstelle im Hause Gonzenbach in Hauptwil (Schweiz). Zurück nach Nürtingen. Große Hymnen des Spätwerks (*»Vaterländische Gesänge«*). 1802 Hofmeisterstelle in Bordeaux beim Hamburger Konsul Meyer, die Hölderlin nach kaum vier Monaten aufgibt, er kehrt über Paris nach Deutschland zurück; geistig zerrüttete Ankunft in Nürtingen. Am 22. Juni 1802 stirbt Susette Gontard. 1804 kommt seine Übersetzung *»Trauerspiele des Sophokles«* heraus. *»Nachtgesänge«*, letzter von Hölderlin in Druck gegebener Gedicht-Zyklus im *»Taschenbuch auf das Jahr 1805«*. 1806 Einlieferung in das Autenriethsche Klinikum in Tübingen; 1807 als unheilbar entlassen. Seine Pflege übernimmt der Schreinermeister Ernst Zimmer, in dessen Haus er bis zum Tode das *»Turmzimmer«* bewohnen darf. 1828 stirbt seine Mutter, 1838 Ernst Zimmer, dessen Tochter (Charlotte) Hölderlins Betreuung fortführt. Friedrich Hölderlin stirbt am 7. Juni 1843 in Tübingen.

Joerg K. Sommermeyer, Lahnstein, 17. März 2023

Buchanzeige

Nova Giulianiad
Saitenblätter für die Gitarre und Laute
Herausgegeben von Joerg Sommermeyer
i. V. m. d. Internationalen Gitarristischen Vereinigung
ISSN: 0254-9565
Orlando Syrg, Freiburg i. Brsg., 1983-1988

Josefa Gerhäuser
Leben will ich
Gedichte und Assoziationen
Herausgegeben von JS (Joerg Sommermeyer)
Orlando Syrg Taschenbuch, OrSyTa 12002, Freiburg i. Brsg. 2002

Joerg Sommermeyer
Anton Unbekannt
Pathoaphysischer Antiroman
Tragigroteskenfragment
Herausgegeben von Georg J. Feurig-Sorgenfrei
Orlando Syrg Taschenbuch, 1. Aufl., OrSyTa 12009, Berlin 2009

Joerg K. Sommermeyer (Hg.)
Balleinrubin: Ball, Einstein, Rubiner
Hugo Ball: Tenderenda der Phantast
Carl Einstein: Bebuquin oder die Dilettanten des Wunders
Ludwig Rubiner: Gedichte, Kritiken, Manifeste
Herausg. u. mit einem Nachwort versehen von Joerg K. Sommermeyer
Orlando Syrg Taschenbuch, 1. Aufl., OrSyTa 12017, Berlin 2017

Franz Treller
Nikunthas, König der Miami
Eine Abenteuererzählung aus Nordamerika
Anhang: **Indianer-Gedanken** von Oskar Panizza
und **Die blaue Schlange** von Fritz von Ostini
Vollst. rev. und neu bearb. von Georg J. Feurig-Sorgenfrei
Hrsg. und mit einem Nachw. vers. von Joerg Sommermeyer
Kollektion Abenteuer- & Reiseerzählungen / KAR 1
Orlando Syrg Taschenbuch, 1. Aufl., OrSyTa 22009, Berlin 2010
2. Aufl., OrSyTa 22017, Berlin 2017

Joerg K. Sommermeyer
Vernimm mein Schreien
Pathoaphysischer Antiroman
Tragigroteskenfragment
Herausgegeben von Georg J. Feurig-Sorgenfrei
Orlando Syrg Taschenbuch, 2. durchgesehene, verbesserte und um einen Anhang
erweiterte Auflage von *Anton unbekannt*, OrSyTa 32017, Berlin 2017
3. Auflage, Neufassung, OrSyTa 112018, Berlin 2018

Joerg K. Sommermeyer
Lieblingsmärchen
[Andersen, 1001 Nacht, von Arnim, Bechstein, Brentano, de la Motte Fouqué,
Brüder Grimm, Hauff, Hebel, Hoffmann, Hofmannsthal, Keller, Mörike,
von Sternberg, Stevenson, JS, Storm]
Ausgewählt, zusammengestellt, durchgesehen und revidiert,
herausgegeben und mit einem Nachwort versehen
von Joerg K. Sommermeyer
Kollektion Abenteuer- & Reiseerzählungen / KAR 2
Orlando Syrg Taschenbuch, 1. Aufl., OrSyTa 42017, Berlin 2017
2. erweiterte Auflage, OrSyTa 22018, Berlin 2018

Joerg K. Sommermeyer (Hg.)
Franz Kafkas Romane
Der Verschollene (Amerika), Der Prozess, Das Schloss
Durchgesehen, revidiert und herausgegeben
von Joerg K. Sommermeyer
Reihe alte Tradition Azurcelesteblueoscuro / RAT ACBO 1
Exemplarische Werke der Weltliteratur
Orlando Syrg Taschenbuch, 1. Aufl., OrSyTa 52017, Berlin 2017

Joerg K. Sommermeyer (Hg.)
Franz Kafkas Erzählungen
Durchgesehen, revidiert und und mit einem Nachwort herausgegeben
von Joerg K. Sommermeyer
Reihe alte Tradition Azurcelesteblueoscuro / RAT ACBO 2
Exemplarische Werke der Weltliteratur
Orlando Syrg Taschenbuch, 1. Aufl., OrSyTa 12018, Berlin 2018

Joerg K. Sommermeyer (Hg.)

Heinrich von Kleists Erzählungen, Anekdoten und Essays

Durchgesehen, revidiert und mit einem biographischen Abriss
herausgegeben von Joerg K. Sommermeyer
Reihe alte Tradition Azurcelesteblueoscuro / RAT ACBO 3
Exemplarische Werke der Weltliteratur
Orlando Syrg Taschenbuch, 1. Aufl., OrSyTa 32018, Berlin 2018

Joerg K. Sommermeyer (Hg.)

Christian Morgensterns Galgenlieder und Palmström

Durchgesehen, revidiert und mit einem biographischen Abriss
herausgegeben von Joerg K. Sommermeyer
Reihe alte Tradition Azurcelesteblueoscuro / RAT ACBO 4
Exemplarische Werke der Weltliteratur
Orlando Syrg Taschenbuch, 1. Aufl., OrSyTa 42018, Berlin 2018

Joerg K. Sommermeyer (Hg.)

Robert Müllers Tropen

Der Mythos der Reise
Urkunden eines deutschen Ingenieurs
Durchgesehen und revidiert, herausgegeben
und mit einem Nachwort versehen
von Joerg K. Sommermeyer
Kollektion Abenteuer- & Reiseerzählungen / KAR 3
Orlando Syrg Taschenbuch, 1. Aufl., OrSyTa 52018, Berlin 2018

Joerg K. Sommermeyer (Hg.)

Taugenichts et cetera

Eichendorff, Chamisso, Büchner
Aus dem Leben eines Taugenichts
Peter Schlemihls wundersame Geschichte
Lenz
Durchgesehen, revidiert und mit einem Nachwort
herausgegeben von Joerg K. Sommermeyer
Reihe alte Tradition Azurcelesteblueoscuro / RAT ACBO 5
Exemplarische Werke der Weltliteratur
Orlando Syrg Taschenbuch, 1. Aufl., OrSyTa 62018, Berlin 2018

Joerg K. Sommermeyer (Hg.)
Künstlerbetrachtungen
Diderot, Wackenroder, Hoffmann
Rameaus Neffe, Joseph Berglinger, Johannes Kreisler, Kater Murr
Durchgesehen, revidiert und mit einem Nachwort
herausgegeben von Joerg K. Sommermeyer
Reihe alte Tradition Azurcelesteblueoscuro / RAT ACBO 6
Exemplarische Werke der Weltliteratur
Orlando Syrg Taschenbuch, 1. Aufl., OrSyTa 72018, Berlin 2018

Joerg K. Sommermeyer (Hg.)
Rainer Maria Rilkes Gedichte
Stunden-Buch, Buch der Bilder, Neue Gedichte, Der neuen Gedichte anderer Teil,
Requiem, Das Marien-Leben, Duineser Elegien, Die Sonette an Orpheus
Durchgesehen, revidiert und mit einem Nachwort
herausgegeben von Joerg K. Sommermeyer
Reihe alte Tradition Azurcelesteblueoscuro / RAT ACBO 7
Exemplarische Werke der Weltliteratur
Orlando Syrg Taschenbuch, 1. Aufl., OrSyTa 92018, Berlin 2018

Joerg K. Sommermeyer (Hg.)
Rainer Maria Rilkes Prosa
Dichtungen in Prosa, Die Weise von Liebe und Tod des Cornets Christoph Rilke,
Die Aufzeichnungen des Malte Laurids Brigge, Erzählungen und Skizzen,
Geschichten vom lieben Gott, Auguste Rodin, Aufsätze und Besprechungen
Durchgesehen, revidiert und mit einem Nachwort
herausgegeben von Joerg K. Sommermeyer
Reihe alte Tradition Azurcelesteblueoscuro / RAT ACBO 8
Exemplarische Werke der Weltliteratur
Orlando Syrg Taschenbuch, 1. Aufl., OrSyTa 102018, Berlin 2018

Joerg K. Sommermeyer (Hg.)
Drei alte Erzählungen
Die Judenbuche (Droste-Hülshoff), Die schwarze Spinne (Gotthelf),
Krambambuli (Ebner-Eschenbach)
Durchgesehen, revidiert und mit einem Nachwort
herausgegeben von Joerg K. Sommermeyer
Reihe alte Tradition Azurcelesteblueoscuro / RAT ACBO 9
Exemplarische Werke der Weltliteratur
Orlando Syrg Taschenbuch, 1. Aufl., OrSyTa 122018, Berlin 2018

Joerg K. Sommermeyer (Hg.)
James Fenimore Coopers The Last of the Mohicans
Der letzte Mohikaner
A Narrative of 1757 / Eine Erzählung aus dem Jahre 1757
Deutsch nach der Übersetzung von J. F. L. Tafel,
revidiert und neu bearbeitet von Georg J. Feurig-Sorgenfrei
Herausgegeben und mit einem Nachwort versehen
von Joerg K. Sommermeyer
Kollektion Abenteuer- & Reiseerzählungen / KAR 4
Orlando Syrg Taschenbuch, 1. Aufl., OrSyTa 132018, Berlin 2018

Joerg K. Sommermeyer (Hg.)
Johann Wolfgang von Goethes
Reineke Fuchs
Durchgesehen, revidiert und mit einem Nachwort
herausgegeben von Joerg K. Sommermeyer
Reihe alte Tradition Azurcelesteblueoscuro / RAT ACBO 10
Exemplarische Werke der Weltliteratur
Orlando Syrg Taschenbuch, 1. Aufl., OrSyTa 142018, Berlin 2018

Joerg K. Sommermeyer (Hg.)
Heinrich Heines Romanzero nebst Lieblingsballaden
von Goethe, Schiller und anderen
Ausgewählt, durchgesehen, revidiert und mit einem Nachwort
herausgegeben von Joerg K. Sommermeyer
Reihe alte Tradition Azurcelesteblueoscuro / RAT ACBO 11
Exemplarische Werke der Weltliteratur
Orlando Syrg Taschenbuch, 1. Aufl., OrSyTa 152018, Berlin 2018

Joerg K. Sommermeyer (Hg.)
Eduard von Keyserlings Prosa
Ausgewählte Werke I
Beate und Mareile, Schwüle Tage, Dumala, Wellen, Abendliche Häuser
Durchgesehen, revidiert und mit einem biographischen Abriss
herausgegeben von Joerg K. Sommermeyer
Reihe alte Tradition Azurcelesteblueoscuro / RAT ACBO 12
Exemplarische Werke der Weltliteratur
Orlando Syrg Taschenbuch, 1. Aufl., OrSyTa 162018, Berlin 2018

Joerg K. Sommermeyer (Hg.)
August Stramms Gedichte
Du. Liebesgedichte; Die Menschheit; Weltwehe;
Tropfblut. Gedichte aus dem Krieg
Durchgesehen, revidiert und mit einem biographischen Abriss
herausgegeben von Joerg K. Sommermeyer
Reihe alte Tradition Azurcelesteblueoscuro / RAT ACBO 13
Exemplarische Werke der Weltliteratur
Orlando Syrg Taschenbuch, 1. Aufl., OrSyTa 172018, Berlin 2018

Joerg K. Sommermeyer (Hg.)
Joseph Conrads Heart of Darkness
Herz der Finsternis
Englisch und Deutsch
Deutsch nach der Übersetzung von Ernst Wolfgang Freißler,
revidiert und neu bearbeitet von Georg J. Feurig-Sorgenfrei
Herausgegeben und mit einem Nachwort versehen von Joerg K. Sommermeyer
Kollektion Abenteuer- & Reiseerzählungen / KAR 5
Orlando Syrg Taschenbuch, 1. Aufl., OrSyTa 182018, Berlin 2018

Joerg K. Sommermeyer (Hg.)
Münchhausen und Lukian
Bürgers Münchhausen und Lukians Bericht
phantastischer Begebenheiten
Durchgesehen, revidiert, neu bearbeitet
(Lukian basierend auf der Übersetzung von August Friedrich Pauly),
herausgegeben und mit einem Nachwort versehen,
von Joerg K. Sommermeyer
Kollektion Abenteuer- & Reiseerzählungen / KAR 6
Orlando Syrg Taschenbuch, 1. Aufl., OrSyTa 192018, Berlin 2018

Joerg K. Sommermeyer (Hg.)
Johann Wolfgang von Goethes Prosa
Ausgewählte Werke I
Die Leiden des jungen Werther, Briefe aus der Schweiz,
Die Wahlverwandtschaften, Novelle
Durchgesehen, revidiert und mit einem Nachwort
herausgegeben von Joerg K. Sommermeyer
Reihe alte Tradition Azurcelesteblueoscuro / RAT ACBO 14
Exemplarische Werke der Weltliteratur
Orlando Syrg Taschenbuch, 1. Aufl., OrSyTa 12019, Berlin 2019

Joerg K. Sommermeyer (Hg.)

Johann Wolfgang von Goethes Prosa
Ausgewählte Werke II
Wilhelm Meisters Lehrjahre
Durchgesehen, revidiert und herausgegeben
von Joerg K. Sommermeyer
Reihe alte Tradition Azurcelesteblueoscuro / RAT ACBO 15
Exemplarische Werke der Weltliteratur
Orlando Syrg Taschenbuch, 1. Aufl., OrSyTa 22019, Berlin 2019

Joerg K. Sommermeyer (Hg.)

Johann Wolfgang von Goethes Prosa
Ausgewählte Werke III
Unterhaltungen deutscher Ausgewanderten,
Wilhelm Meisters Wanderjahre
Durchgesehen, revidiert und herausgegeben
von Joerg K. Sommermeyer
Reihe alte Tradition Azurcelesteblueoscuro / RAT ACBO 16
Exemplarische Werke der Weltliteratur
Orlando Syrg Taschenbuch, 1. Aufl., OrSyTa 32019, Berlin 2019

Joerg K. Sommermeyer (Hg.)

Johann Wolfgang von Goethes Prosa
Ausgewählte Werke IV
Dichtung und Wahrheit,
Belagerung von Mainz
Durchgesehen, revidiert und herausgegeben
von Joerg K. Sommermeyer
Reihe alte Tradition Azurcelesteblueoscuro / RAT ACBO 17
Exemplarische Werke der Weltliteratur
Orlando Syrg Taschenbuch, 1. Aufl., OrSyTa 42019, Berlin 2019

Joerg K. Sommermeyer (Hg.)

August Klingemanns Nachtwachen
von Bonaventura
Durchgesehen, revidiert und herausgegeben
von Joerg K. Sommermeyer
Reihe alte Tradition Azurcelesteblueoscuro / RAT ACBO 18
Orlando Syrg Taschenbuch, 1. Aufl., OrSyTa 52019, Berlin 2019

Joerg K. Sommermeyer (Hg.)
Gustav Sacks Romane
Ein verbummelter Student, Paralyse, Ein Namenloser
Durchgesehen, revidiert und mit einem Nachwort
herausgegeben von Joerg K. Sommermeyer
Reihe alte Tradition Azurcelesteblueoscuro / RAT ACBO 19
Orlando Syrg Taschenbuch, 1. Aufl., OrSyTa 62019, Berlin 2019

Joerg K. Sommermeyer
Vernimm mein Schreien
Pathoaphysischer Antiroman
Tragigroteskenfragment
Herausgegeben von Georg J. Feurig-Sorgenfrei
Jubiläumsausgabe / Hardcover
[3. durchgesehene, verbesserte und um einen Anhang
erweiterte Auflage von *Anton unbekannt*]
OrSyTa 72019, Berlin 2019

Joerg K. Sommermeyer (Hg.)
Friedrich Schillers Prosa
Ausgewählte Werke I
Eine großmütige Handlung, Der Geisterseher,
Der Verbrecher aus verlorener Ehre, Spiel des Schicksals und anderes
Durchgesehen, revidiert und mit einem Nachwort
herausgegeben von Joerg K. Sommermeyer
Reihe alte Tradition Azurcelesteblueoscuro / RAT ACBO 20
Exemplarische Werke der Weltliteratur
Orlando Syrg Taschenbuch, 1. Aufl., OrSyTa 82019, Berlin 2019

Joerg K. Sommermeyer (Hg.)
Johann Karl Wezels Satiren
Kakerlak oder die Geschichte eines Rosenkreuzers,
Satirische Erzählungen
Durchgesehen, revidiert und herausgegeben
von Joerg K. Sommermeyer
Reihe alte Tradition Azurcelesteblueoscuro / RAT ACBO 21
Orlando Syrg Taschenbuch, 1. Aufl., OrSyTa 92019, Berlin 2019

Joerg K. Sommermeyer (Hg.)

Heinrich Heines Versepen, Erzählprosa und Memoiren
Ausgewählte Werke I

Atta Troll, Deutschland. Ein Wintermärchen, Aus den Memoiren des Herren von Schnabelewopski,
Florentinische Nächte, Der Rabbi von Bacherach, Geständnisse, Memoiren
Durchgesehen, revidiert und mit einem Nachwort
herausgegeben von Joerg K. Sommermeyer
Reihe alte Tradition Azurcelesteblueoscuro / RAT ACBO 22
Exemplarische Werke der Weltliteratur
Orlando Syrg Taschenbuch, 1. Aufl., OrSyTa 102019, Berlin 2019

Joerg K. Sommermeyer (Hg.)

Heinrich Heines Reisebilder
Ausgewählte Werke II

Briefe aus Berlin, Über Polen, Reisebilder I-IV
Durchgesehen, revidiert und mit einem biographischen Abriss
herausgegeben von Joerg K. Sommermeyer
Reihe alte Tradition Azurcelesteblueoscuro / RAT ACBO 23
Exemplarische Werke der Weltliteratur
Orlando Syrg Taschenbuch, 1. Aufl., OrSyTa 112019, Berlin 2019

Joerg K. Sommermeyer (Hg.)

Heinrich Heines Gedichte
Ausgewählte Werke III

Buch der Lieder, Neue Gedichte,
Aus den Jahren 1853 und 1854, Sonstiges / Posthum
Durchgesehen, revidiert und mit einem Biographischen Abriss
herausgegeben von Joerg K. Sommermeyer
Reihe alte Tradition Azurcelesteblueoscuro / RAT ACBO 24
Exemplarische Werke der Weltliteratur
Orlando Syrg Taschenbuch, 1. Aufl., OrSyTa 122019, Berlin 2019

Joerg K. Sommermeyer (Hg.)

Heinrich Heines Über Deutschland, Essays und Pamphlete
Ausgewählte Werke IV

Die romantische Schule, Zur Geschichte der Religion und Philosophie in Deutschland,
Elementargeister, Die Götter im Exil, Schwabenspiegel, Ludwig Börne
Durchgesehen, revidiert und mit einem Biographischen Abriss
herausgegeben von Joerg K. Sommermeyer
Reihe alte Tradition Azurcelesteblueoscuro / RAT ACBO 25
Exemplarische Werke der Weltliteratur
Orlando Syrg Taschenbuch, 1. Aufl., OrSyTa 132019, Berlin 2019

Joerg K. Sommermeyer (Hg.)
Heinrich Heines Essays über Frankreich
Ausgewählte Werke V
Französische Maler, Französische Zustände,
Über die Französische Bühne, Lutetia,
Durchgesehen, revidiert und mit einem Biographischen Abriss
herausgegeben von Joerg K. Sommermeyer
Reihe alte Tradition Azurcelesteblueoscuro / RAT ACBO 26
Exemplarische Werke der Weltliteratur
Orlando Syrg Taschenbuch, 1. Aufl., OrSyTa 142019, Berlin 2019

Joerg K. Sommermeyer (Hg.)
Johann Wolfgang von Goethes
West-östlicher Divan, Hermann und Dorothea
Ausgewählte Werke V
Durchgesehen, revidiert und herausgegeben
von Joerg K. Sommermeyer
Reihe alte Tradition Azurcelesteblueoscuro / RAT ACBO 27
Exemplarische Werke der Weltliteratur
Orlando Syrg Taschenbuch, 1. Aufl., OrSyTa 152019, Berlin 2019

Joerg K. Sommermeyer (Hg.)
Gottfried Kellers Prosa
Ausgewählte Werke I
Die Leute von Seldwyla, Sieben Legenden
Durchgesehen, revidiert und mit einem Biographischen Abriss
herausgegeben von Joerg K. Sommermeyer
Reihe alte Tradition Azurcelesteblueoscuro / RAT ACBO 28
Exemplarische Werke der Weltliteratur
Orlando Syrg Taschenbuch, 1. Aufl., OrSyTa 162019, Berlin 2019

Joerg K. Sommermeyer (Hg.)
Gottfried Kellers Prosa
Ausgewählte Werke II
Züricher Novellen, Das Sinngedicht
Durchgesehen, revidiert und mit einem Biographischen Abriss
herausgegeben von Joerg K. Sommermeyer
Reihe alte Tradition Azurcelesteblueoscuro / RAT ACBO 29
Exemplarische Werke der Weltliteratur
Orlando Syrg Taschenbuch, 1. Aufl., OrSyTa 172019, Berlin 2019

Joerg K. Sommermeyer (Hg.)
Gottfried Kellers Prosa
Ausgewählte Werke III
Der grüne Heinrich, Zwölf Gedichte, Autobiographisches
Durchgesehen, revidiert und mit einem Nachwort
herausgegeben von Joerg K. Sommermeyer
Reihe alte Tradition Azurcelesteblueoscuro / RAT ACBO 30
Exemplarische Werke der Weltliteratur
Orlando Syrg Taschenbuch, 1. Aufl., OrSyTa 182019, Berlin 2019

Joerg K. Sommermeyer (Hg.)
Friedrich Schillers Gedichte
Ausgewählte Werke II
Durchgesehen, revidiert und herausgegeben
von Joerg K. Sommermeyer
Reihe alte Tradition Azurcelesteblueoscuro / RAT ACBO 31
Exemplarische Werke der Weltliteratur
Orlando Syrg Taschenbuch, 1. Aufl., OrSyTa 192019, Berlin 2019

Joerg K. Sommermeyer (Hg.)
Johann Wolfgang von Goethes Gedichte
Ausgewählte Werke VI
Durchgesehen, revidiert und herausgegeben
von Joerg K. Sommermeyer
Reihe alte Tradition Azurcelesteblueoscuro / RAT ACBO 32
Exemplarische Werke der Weltliteratur
Orlando Syrg Taschenbuch, 1. Aufl., OrSyTa 202019, Berlin 2019

Joerg K. Sommermeyer (Hg.)
Charles Sealsfields Das Kajütenbuch
oder Nationale Charakteristiken
Die Prärie am Jacinto, Der Kapitän
Durchgesehen, revidiert, herausgegeben
und mit einem Nachwort versehen
von Joerg K. Sommermeyer
Kollektion Abenteuer- & Reiseerzählungen / KAR 7
Orlando Syrg Taschenbuch, 1. Aufl., OrSyTa 212019, Berlin und Lahnstein 2019

Joerg K. Sommermeyer (Hg.)

Paul Heyses Meisternovellen und Autobiographisches

L'Arrabbiata, Andrea Delfin, Die Einsamen, Der letzte Zentaur,
Jugenderinnerungen und Bekenntnisse

Durchgesehen, revidiert, mit Anmerkungen herausgegeben
von Joerg K. Sommermeyer
Reihe alte Tradition Azurcelesteblueoscuro / RAT ACBO 33
Exemplarische Werke der Weltliteratur
Orlando Syrg Taschenbuch, 1. Aufl., OrSyTa 12020, Berlin und Lahnstein 2020

Joerg K. Sommermeyer (Hg.)

Karl Mays Ardistan und Dschinnistan I

Ardistan

Revidiert, herausgegeben und mit einem Nachwort versehen
von Joerg K. Sommermeyer
Kollektion Abenteuer- & Reiseerzählungen / KAR 8
Orlando Syrg Taschenbuch, 1. Aufl., OrSyTa 22020, Berlin und Lahnstein 2020

Joerg K. Sommermeyer (Hg.)

Karl Mays Ardistan und Dschinnistan II

Der Mir von Dschinnistan,
Das Märchen von Sitara, Meine Werke, Merhameh

Revidiert, herausgegeben und mit einem Nachwort versehen
von Joerg K. Sommermeyer
Kollektion Abenteuer- & Reiseerzählungen / KAR 9
Orlando Syrg Taschenbuch, 1. Aufl., OrSyTa 32020, Berlin und Lahnstein 2020

Joerg K. Sommermeyer (Hg.)

Anton Tschechows Ausgewählte Prosa I

Ein Zweikampf, Der Taugenichts, Die Dame mit dem Spitz,
Eine Bagatelle, Der Kuss, Gram, Schatten des Todes
und dreizehn weitere Meistererzählungen

Durchgesehen, revidiert und herausgegeben
von Joerg K. Sommermeyer
Reihe alte Tradition Azurcelesteblueoscuro / RAT ACBO 34
Exemplarische Werke der Weltliteratur
Orlando Syrg Taschenbuch, 1. Aufl., OrSyTa 12021, Berlin und Lahnstein 2021

Joerg K. Sommermeyer (Hg.)

Adalbert Stifters Ausgewählte Prosa I

*Waldwanderung, Der sanftmütige Obrist, Margarita, Abdias,
Kalkstein, Bergkristall, Katzensilber*

Durchgesehen, revidiert und herausgegeben
von Joerg K. Sommermeyer
Reihe alte Tradition Azurcelesteblueoscuro / RAT ACBO 35
Exemplarische Werke der Weltliteratur
Orlando Syrg Taschenbuch, 1. Aufl., OrSyTa 12023, Berlin und Lahnstein 2023

Joerg K. Sommermeyer (Hg.)

William Shakespeares Sonnets / Sonette

Englisch und Deutsch

Übersetzungen von Gottlob Regis, Stefan George, Karl Kraus

Durchgesehen, revidiert und herausgegeben
von Joerg K. Sommermeyer
Reihe alte Tradition Azurcelesteblueoscuro / RAT ACBO 36
Exemplarische Werke der Weltliteratur
Orlando Syrg Taschenbuch, 1. Aufl., OrSyTa 22023, Berlin und Lahnstein 2023